中国法学经典导读

尹伊君 杜钢建 段秋关 林来梵 著

商务印书馆
2015年·北京

图书在版编目(CIP)数据

中国法学经典导读/尹伊君等著.—北京:商务印书馆,2015
ISBN 978-7-100-11060-0

Ⅰ.①中… Ⅱ.①尹… Ⅲ.①法学—中国—文集 Ⅳ.①D920.0-53

中国版本图书馆CIP数据核字(2015)第018638号

所有权利保留。
未经许可,不得以任何方式使用。

中国法学经典导读

尹伊君　杜钢建　段秋关　林来梵　著

商 务 印 书 馆 出 版
(北京王府井大街36号 邮政编码100710)
商 务 印 书 馆 发 行
北 京 冠 中 印 刷 厂 印 刷
ISBN 978-7-100-11060-0

2015年5月第1版	开本 880×1240 1/32
2015年5月北京第1次印刷	印张 5½

定价:32.00元

历代刑法考
上册
沈家本 著

刑法部分

历代刑法考
下册
沈家本 著

律令部分
2011 年版

中国法制史概要　陈顾远 著

2011 年版

比较宪法　王世杰 钱端升 著

2010 年版

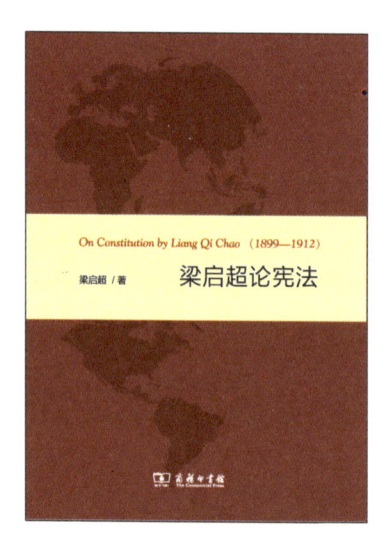

梁启超论宪法　On Constitution by Liang Qi Chao (1899—1912)　梁启超 / 著

2013 年版

目　录

沈家本《历代刑法考》导读
——法律匡时因国艰 经史垂后待世评 ………… 尹伊君　1
一、一生贡献首推修律 …………………………………… 2
二、司法改革开启新风 …………………………………… 6
三、修订法律重在翻译 …………………………………… 13
四、"礼法之争"孰胜孰负 ………………………………… 16
五、法律思想贵在"会通" ………………………………… 20
六、《历代刑法考》的"得"与"失" ………………………… 25
七、正确认识和评价沈家本 ……………………………… 34

《梁启超论宪法》导读
——宪政与人权的上下求索 …………………… 杜钢建　39
一、古代宪法与儒家宪政 ………………………………… 40
　（一）中国古代第一部宪纲《洪范》 ……………………… 41
　（二）中国古代第一部宪典《周官》 ……………………… 47
　（三）春秋战国时期的齐国宪法 ………………………… 49
　（四）关于古代朝鲜宪法的认识 ………………………… 52
　（五）古代日本圣德太子宪法与儒家思想 ……………… 64
二、良心人格与立宪制度 ………………………………… 66
三、提倡民权与抵抗暴政 ………………………………… 75

i

目 录

  四、法律平等与选举制度 ……………………………… 83
  五、集体本位与国家主义 ……………………………… 92
  六、君主立宪与代议制度 ……………………………… 99
  七、结束语:代价与矛盾 ……………………………… 108

陈顾远《中国法制史概要》导读
——学贯中西的法学大师 ………………… 段秋关 112
  一、对中国古代法制的现代解读 ……………………… 113
  二、对中国传统法律制度的系统研究 ………………… 118
  三、对古今法制沿革变化的全面考察 ………………… 122
  四、对中华法系精神与特征的深入探析 ……………… 129
  五、对中国法制史的误区辩正 ………………………… 133
  六、博古通今,学贯中西的法学大师 ………………… 141
   (一)革命志士 …………………………………… 141
   (二)法律专家 …………………………………… 143
   (三)法学大师 …………………………………… 144
   (四)为了记住的推荐 …………………………… 147

王世杰、钱端升《比较宪法》导读
——眺望宪政的远景 ……………………… 林来梵 150
  一、历史背景:"预备立宪主义" ……………………… 151
  二、亦属"比较":有关著者与版本 …………………… 154
  三、本书的方法:"道是无晴却有晴" ………………… 158
  四、本书的当代价值 …………………………………… 163
  五、为了超越 …………………………………………… 169

沈家本《历代刑法考》导读
——法律匡时因国艰　经史垂后待世评

尹伊君

沈家本（1840—1913），字子惇，号寄簃，浙江归安人。长期供职刑部，历任刑部右侍郎、左侍郎，大理院正卿，法部右侍郎、左侍郎，充修订法律大臣，资政院副总裁。沈氏五岁时，他的生父沈丙莹考中进士，补官刑部。青少年时代，沈家本随父在京读书。1864年，他由监生报捐郎中，签分刑部，作了刑部的候补郎中。但是，迟至1883年，直到43岁，他才考中进士，成为刑部的一名正式官僚，从而也得以彻底摆脱科举的束缚，专心于法律之学。1893年，补授直隶天津府知府。1897年，调补保定府知府。1902年，62岁的沈家本在刑部左侍郎任上被保举修订法律，迎来了一生事业的巅峰。在修订法律将近10年后，年迈的沈家本随着清王朝的覆灭，辞官归家，闭门著述。1913年，病逝于北京寓所，享年73岁。

沈家本生活的时代，正值中国社会内忧外患，传统制度和文明濒于瓦解，各种思潮异彩纷呈的时期。1840年至1842年的中英鸦片战争，1857年至1860年中国和英法联军之战，1881年的中俄战争，1883年至1885年的中法之战，1894年至1895年的甲午中日战

---

* 本文见沈家本:《历代刑法考》上、下，商务印书馆2011年版。

争,均以清政府的失败和割地赔款条约的签订而告终。1851年至1864年的太平天国运动又从内部给了清王朝致命一击。如果说,这五次对外战争的失败和强大的农民起义尚未敲醒摇摇欲坠的清帝国的话,发生于1900年的庚子事变,终于震痛了帝国的神经。次年,流亡西安的慈禧太后下诏变法,两江总督刘坤一、湖广总督张之洞、直隶总督袁世凯联名会保沈家本、伍廷芳修订法律。多年供职刑部获得的法律经验和技术官僚的特点,最终将沈家本推上了历史舞台的前台。然而,就是这样一项在当时并不显赫,甚至颇为枯燥的专门性工作,却多少有些意外地将沈家本的人生事业推向辉煌的顶峰,以致在其身后将近一百年的时间里,沈家本这个名字已成为中国法律现代化的象征,在法学界享有至高无上的尊崇地位。

一、一生贡献首推修律

沈家本一生的贡献,首推修律。

19世纪后期,在西方列强坚船利炮的打击和西方文明的逼迫诱惑下,中国社会内部开始逐渐发生变化,积聚并酝酿着一次根本性的社会变革。1898年,康有为、梁启超领导的戊戌变法,使这场根本性的巨大变革终于不可避免地降临了。自此以后,中国在对待西方文明的态度上有了实质性的转变,变法成为不可阻挡的潮流。就是在统治阶级上层,也已形成人人争言变法的局面。早在1901年,刘坤一、张之洞即秉承朝廷之命,会衔连上名噪一时的《江楚会奏变法三折》,其中第二折提出了"恤刑狱"、"结民心",改良法制的九项建议,即禁讼累,省文字,省刑责,重众证,修监羁,教工艺,恤相验,改罚锾,派专官。第三折提出定矿律、路律、商律、交涉刑律。此折一上,备受朝廷赞赏,即责其慎选熟悉中西律例人员,开馆修律。次年,沈家本、伍廷芳作为熟悉中律和西律的代表人物,被会保修律。清廷遂在1902年颁布谕旨,派沈家本、伍廷芳将一切见行律例,按照交涉情形,参酌各国法律,悉心考订,妥为拟议,务期中外通行,有裨治理。

沈家本就是在这样的历史背景下,奉朝廷之命开始修律的。主要是:

确定刑法修律宗旨。两年后,修订法律馆开馆。1905年,法律馆向清廷上《删除律例内重法折》,首先提出刑法修改的宗旨是"改重为轻"。本着这一宗旨,亟应删除的重法,约有三项:一是凌迟、枭首、戮尸;二是缘坐;三是刺字。这三项重刑,都是极其残酷、各国废而不用的,因而得到了朝廷的赞同,明令予以废除、革除。

减少死罪数量。1906年,上《虚拟死罪改为流徒折》,提出现行律例内死罪840余条,既繁且重,莫如先将戏杀、误杀、擅杀这三项徒有其名的虚拟死罪改为流徒,通行无碍后,再将斗杀及各项死罪择其情节轻者,予以减等,由重入轻,与各国无大差别。

增设伪造外国银元罪。针对私造、变造外国银元案件层出不穷的现象,沈家本提出应设专罪,与伪造本国银元的罪行分别量刑,以示区别。

拟定《刑事民事诉讼法》。中华法系,诸法合体,刑、民不分,州县官总揽行政司法,遑论划分刑、民。但沈家本坚持认为,刑、民性质各异,因此,他主持拟定的简明诉讼法,分别刑事、民事,并极力主张设陪审员、用律师。由于遭到部抚大臣的反对,这部简明诉讼法未予颁行。

会同商部、民政部、外务部制定《破产律》、《违警律》、《国籍法》。1906年，会同商部制定《商律》中的《破产律》，上奏并获准。1907年，会同民政部制定《违警律》，宪政编查馆审核上奏后颁行。1909年，会同外务部制定《国籍法》和《施行法》，宪政编查馆核议后改为《国籍条例》和《施行细则》上奏。

制定《大理院审判编制法》。由于刑部改为法部，专任司法，大理寺改为大理院，专掌审判，1906年，沈家本在大理院正卿任上，专门制定了这部法律，以规制大理院和京师各级审判厅。共五节四十五条。

制定《法院编制法》。由于清末司法改革，各地分设审判厅，亟需建立审判制度，1907年，由法律馆起草，沈家本逐条刊定，历八月完成了《法院编制法》，共十五章一百四十条。

制定《大清新刑律》。在日本法学博士冈田朝太郎的帮助下，四易其稿，制定新刑律草案总则十七章，分则三十六章，共三百八十七条。指出迫于时局、国际关系、教案的压力，法律万难守旧，不能不改。提出更定刑名、酌减死罪、死刑唯一、删除比附、惩治教育的五项更定旧律主张。将自隋《开皇律》以来沿续至清末的笞、杖、徒、流、死五刑改为死刑、徒刑、拘留、罚金四种。这部法律草案在法部审定时，曾更名为《修正刑律草案》，并增入《附则》五条。新刑律草案遭到了部抚大臣的普遍反对。但是，在1910年资政院议决新刑律时，总则获得通过，分则因会期已到，未及交议。上奏后，清廷同意将总则、分则一起颁布，以备实行。

编订《大清现行刑律》。鉴于新刑律施行尚需时日，沈家本认为应删订旧律以为过渡，并提出总目宜删除、刑名宜厘正、新章宜节取、例文宜简易的四项修律原则。按照修改、修并、续纂、删除方式删订的旧律,定名为"现行刑律"。1909年,《大清现行刑律》编订告竣。宪政编查馆核议后,请旨刊印颁行,以资遵守。1910年,法律馆会同宪政编查馆将刊定本上奏,批准后作为钦定本颁发各地。

制定《大清刑事诉讼律》。这部制定于1910年的法律,共六编五百一十五条,采用了检察提起公诉、原被告待遇同等、审判公开、当事人无处分权、三审终审等西方诉讼制度,交宪政编查馆审核时清亡,未及颁布施行。

制定《大清民事诉讼律》。共四编八百条,采用西方民事诉讼最新原理和法律,结合中国民情制定。与刑事诉讼不同的是,中国古代少有可供借鉴的典章制度,名词术语"半多创制"。这部制定于1910年的法律,同样无果而终。

沈家本近10年的修律历程,正是中国法律制度由传统向现代转变的关键时期,它向我们清晰地展示了法律制度变革的基本轮廓和走向:始则删订旧律,继则折衷新旧,终于创制新律,而贯穿期间的乃是由重入轻、由旧入新、由中入西的基本理念和原则。沈家本用不足10年的时间,完成了从传统法律向现代法律过渡的概念转换和体系性建构。这些法律的修订、制定、颁布和实施在如何对待西方法律与本国传统法律关系方面树立了标杆。虽然有些法律当时并没有来得及真正实施,但它们有的被民国政府继续沿用,有的成为民国法律制定的蓝本。更为重要的是,它们所创立的新型法律体系和名词一直延续至今,影响乃至决定了今日中国法律的基本面貌。沈家本是这场重大法律转型中起重要推动作用的关键性枢纽人物。

不可否认的是,沈家本并不能够一人完成修律的使命,同为修订法律大臣的伍廷芳、俞廉三以及董康、江庸等修订法律馆成员在修律中也发挥了很大的作用。但同样不可否认的是,沈家本在其中起到了至关重要的作用,影响、贡献最大。

二、司法改革开启新风

沈家本主持修律期间,是中国法律制度发生剧烈变化的时期,这些变化不仅反映在立法上,同时也体现在司法上。身为刑部、法部的主要臣僚兼修订法律大臣,沈家本在推动司法改革方面同样发挥了重要作用。主要有:

禁止刑讯。中国古代司法刑讯人犯,相沿已久,且主刑中就有笞、杖。沈家本、伍廷芳附和刘坤一、张之洞在《江楚会奏变法三折》中"省刑责"的倡议,1905年上《议覆江督等会奏恤刑狱折》,提出以后凡除罪犯应死、证据已确而不肯供认者准其刑讯外,凡初次讯供及流徒以下罪名,一律不准刑讯,以免冤滥。笞、杖等罪,仿照外国罚金之法,凡例内笞五十以下者,改为罚银五钱以上,二两五钱以下。杖六十者,改为罚五两。每一等加二两五钱,以次递加,至杖一百改为罚十五两而止。如无力完纳者,折为作工。应罚一两,折作工四日,以次递加,至十五两折作工六十日而止。在《变通窃盗条款折》中,提出凡犯窃盗罪应处笞罪者,改为工作一月;杖六十者,改为工作二月,杖七十至一百,每等递加两月。以窃盗论、准窃盗论及各项因盗处以笞、杖、抢夺、强盗罪处以杖刑者,均照此办理。在《宽免徒流加杖片》中,提出因笞、杖一律改为罚金,将军、流、徒人犯应处加杖概予宽免；将不能禁约子弟为强、窃盗之犯父兄应处笞、杖，概予宽免。

沈家本、伍廷芳这项附有限制条件的禁止刑讯主张一经提出，便遭到了御史刘彭年的反对。他认为，外国之所以不用刑讯，是因为有裁判、诉讼各法，中国一切未备，骤然停止刑讯，人犯无所畏惧，衙门穷于究诘，必致积压案件，因此，禁止刑讯必须等裁判、诉讼各法俱备后方可实行，等等。针对刘彭年的观点，沈家本、伍廷芳据理反驳，认为审案应重证据，不得以刑讯逼取口供，积案多少与是否刑讯无关联，刑讯既为外人所窃笑，心知其非，就应奋然禁绝，却又说须等裁判、诉讼各法俱备方可实行，是明知其不义而不速决，将更为东西各国所窃笑。

中国司法刑讯人犯已成为官吏积习，改革难度很大。禁止刑讯的谕旨下达后，各省仍有不少州县或我行我素，率用刑求；或阳奉阴违，视为具文。就是在开通商风气之先的上海，会审公堂也拒不执行，时闻有刑求杖责之事。沈家本、伍廷芳听说后，上《申明新章折》，要求制止各地刑讯，改行新章，并认真整顿上海会审公堂，选择品望素著兼通中外法律者充任会审人员。

沈家本、伍廷芳的观点和主张，均得到了朝廷的支持。

改良监狱。这项主张同样是响应刘坤一、张之洞在《江楚会奏变法三折》中"修监羁"的倡议。关于牢狱，中国古代法律，包括大清律例内也有不少人道方面的规定，如锁杻常须洗涤，席荐常须铺置，冬设暖床，夏备凉浆，日给仓米一升，冬给袭衣一件，病给医药等。在管理方面，规定专管监狱的司狱、吏目、典史等官，有责任将监狱人犯填注案由、监禁年月，造具清册，按月造送管守巡道查核。如有淹禁情弊，即将该狱管狱官随时参处，仍令该道因公巡历至府、厅、州、县亲提点验;如有填注隐漏者,将该狱管狱官一并参处,并令该道每季将清册汇送督抚、臬司查核,若府、厅、州、县有淹禁滥禁情弊,该道未行揭报,经督抚查出或另经发觉,将该道一并交部议处。这些规定不可谓不好,也不可谓不周密,但却形同虚设。狱官往往恶如虎狼,肆意凌虐;监房环境恶劣,疫疠频生。甚至私设班馆,拘押干连人证。针对这种状况,沈家本、伍廷芳在《议覆江督等会奏恤刑狱折》中提出,请旨饬下各省督抚、将军、都统、府尹设法筹款,将臬司、府、厅、州、县各衙门内监、外监一律大加修改,地面务须宽敞,房屋务宜整洁,一洗从前积弊,并优加口食及冬夏调理各费,以示体恤。倘有凌虐情弊,从严惩治。在管理方面,提出派专官、设专司考察、稽察。同知不同城者,派同城、通判每两个月内遍赴所属外县督察一次;同城兼有同通者,两员分往,一月稽查一次;同城县监,十日稽察一次。如有监羁未善,凌虐未禁者,准其据实禀明督抚臬司,比照滥刑例参处。府监则责成本道司监,由督抚随时委员稽察。这些主张,也同样得到了朝廷的支持。

1907年,沈家本在大理院正卿任上,拟定《看守所规制》,提出东西各国分已决、未决两监,凡已定罪名人犯归已决监,以便执行刑罚,未定罪名人犯归未决监,使之守候质讯。由于大理院审判的都是未决犯,应特设看守一区,看守人员不用旧日狱卒,单独招募后在法律学堂另开一班学习,毕业后分派看守。沈家本将此视为改良监狱的重要举措。

嗣后,沈家本又向朝廷上《实行改良监狱以资模范而宏教育折》,继续宣扬将监狱建成感化教育之地的主张。为此,特意强调应注意的四件事项:1.改建新式监狱。仿照各国新式监狱,在各省会及通商口岸先造一所模范监狱,拘禁流、徒等罪,试办数年后推行各州、县。拘置浮浪贫乏者,名习艺所,归民政部;拘禁审判厅判定罪名者,名监狱,归法部。2. 养成监狱官吏。在各省法律学堂或已建成新监狱内,附设监狱学堂,对典狱官采用特别任用法。3. 颁布监狱规制。由法部博采各国最新规则,编定监狱章程,颁行各省。4. 编辑监狱统计。由法部编定格式,颁发各省,按式分年报告,再由法部汇订成册,可供累年比较。这些主张,法部均予以采纳。

沈家本十分热衷于仿照东西各国新式监狱改良中国监狱,他和伍廷芳在1905年就奏请朝廷派法部郎中董康等人赴日本调查裁判监狱事宜。董康回国后,先后撰成《裁判访问录》和《监狱访问录》,沈家本热心为之作序,细心比较中西同而不同、不同而同之处,鼓吹监狱是感化人而非苦人、辱人的观点。

在《与戴尚书论监狱书》中,沈家本更是对改良法部监狱提出了上、中、下三策的具体主张,指出应将法部监狱建成天下监狱模范。

主张男女适用刑罚平等。1905年,上《变通妇女犯罪收赎银数折》,指出法律不能因中外而殊科,也不能因男女而异制。妇女犯徒罪,除英、法、日、俄、比五国有所不同,其余国家均与男子同论。中国男女异罚,最早见于周官司厉,而始于明朝,并为清朝继承的妇女收赎法,是中外法律最不相同的。由于旧律中的笞、杖已改为罚金,满杖十五两,但妇女收赎仍泥于古制,满流仅四钱五分,纳赎不过一两三钱,相比之下,轻重失衡。为此提出:凡妇女犯军、流、徒罪,除旧例应实发者,改为留本地习艺所工作,以10年为限;应监禁者照原年限收入本地习艺工作。寻常各案准其赎罪,徒一年折银二十两,每五两为一等,五徒准此递加。由徒入流,每一等加十两,三流准此递加。遣军照满流科断。如无力完缴,将应罚之数照新章按银数折算时日,改习工艺。枷号不论日数多少,俱酌加五两,以示区别。老幼废疾有犯流、徒等罪难于工作的,仍照旧律例收赎银数科断。这项主张也得到了朝廷的批准。

废除奴婢制度。与西方不同,中国的奴婢制度一直沿续至清末。奴婢的法律地位低于普通平民和雇佣工人,不仅可以随意买卖,且在法律上有种种不平等的规定。1906年,沈家本撰《禁革买卖人口变通旧例议》,附和两江总督周馥禁革买卖人口的倡议,力主全面废除奴婢制度。为此提出10条建议:1.契买之例一律删除。嗣后买卖人口,永远禁止,违者治罪。旧时契买之例,一律作废。2.酌定买卖罪名。除略卖、和卖各律例于新律未颁以前照旧遵行外,因贫而卖子女及买者,均科以一十五两以下罚金,身价入官,人口交亲属领回。略卖、和卖案内不知情买者,亦照此办理。律内买者不知情不坐之文,先行删除。3.酌改奴婢罪名。嗣后契雇贫民子女及从前旧有奴婢,均以雇工人论。遇有相犯,即按雇工人本律本例科断。其与家长亲属人等有犯,亦照此办理。4.贫民子女准作雇工。贫民子女不能存活者,准其写立文券,议定雇钱年限,作为雇工。5.变通旗下家奴之例。旗下家奴概以雇工人论。6.汉人世仆酌量开豁。汉人世仆所生子孙已过三代者,概行开豁为良。未及三代者,有犯仍照雇工办理,三代后亦一体开豁为良。7.旧时婢女限年婚配。嗣后旧时婢女年25岁以上,无至近亲属可归者,由主家婚配,不得收受身价,违者照例治罪。8.纳妾只许媒说。凡纳妾应凭媒说合,不得再以买卖字样立契。9.酌改发遣为奴之例。嗣后发遣驻防为奴人犯,不论旗民男妇,均改发极边足四千里安置。仍照新章,应发配者,发配监禁,应收所习艺者,毋庸发配,收所习艺,按其情节轻重,分别办理。10.删除良贱为婚姻之律。凡雇工人与良人为婚,一概不加禁阻,并与主家无涉。

1909年,沈家本再撰《删除奴婢律例议》,针对那些禁革买卖人口不便的观点,一一驳论,并指出如不早图禁革,与颁行宪法宗旨显相违背,应由宪政编查馆速议施行。宪政编查馆采纳了沈家本的建议,奏请删除奴婢律例,得到朝廷允准。至此,奴婢制度被彻底废除。

促进审判独立。1906年,清廷改革中央官制,将刑部改为法部,专任司法,大理寺改为大理院,专司审判,任命沈家本为大理寺正卿。沈家本上任后,就筹备大理院事宜上奏朝廷,提出东西各国皆以大审院为全国最高裁判所,另立高等裁判所、地方裁判所、区裁判所,大审院法庭规模严肃,监狱精良,管理有法。中国欲仿而行之,应先设法庭,讲求监狱学,高等裁判及地方裁判所与乡谳局分立,豫为储备裁判人才。接着,又指出大理院专司审判,应与法部截然分离,提出大理院与各级审判厅管辖分工,以及大理院与法部、乡谳局职权划分的意见。

法部也提出了与大理院职权划分的意见,企图独揽或控制司法权。由此引发了一场关于部院权限的争论。对此,沈家本明确指出,法部所任系司法中之行政,大理院所掌系司法中之审判,界限分明,可无疑义。针对法部提出的职权划分,沈家本一一驳正。由于无人能裁判这场争论,清廷采用了将沈家本与法部右侍郎张仁黼对调的方式作为了结。

1907年,沈家本组织制定了《法院编制法》,宪政编查馆核订后,清廷明确批示:所有司法行政事务由法部认真督理,审判事务由大理院以下审判各衙门按国家法律审理,行政各官不准违法干涉审判衙门独立执法权。沈家本追求的审判独立至此得到了认可。

推动旗民适用法律平等。1907年,清廷颁发谕旨,令各抒己见,化除满汉畛域。同年,沈家本上《旗人遣军流徒各罪照民人实行发配折》,针对法律中旗人犯军、流、徒免发遣,分别枷号的规定,指出系清初特定条件下定律,乾隆后旗人与民人一体实发者日多,嗣后应照民人一体同科,实行发配,化除畛域。又上《变通旗民交产旧制折》,指出法律上虽旗地、旗房概不准民人典卖,但户、刑两部例文互相歧异,咸丰年间旗民准其交产。为化除满汉畛域,应准许旗人房地与民人互相买卖,照咸丰年间成案办理。又与俞廉三共同上《遵议满汉通行刑律折》,请求将旗民所有在法律上不一致的规定,无论实体、程序,完全统一起来。这项改革得到了清廷的批准。至此,满汉在法律上的种种不平等规定被废除。

革除同姓不得为婚旧律。1910年,御史崇芳上书,提议同姓为婚未可弛禁。沈家本覆核后上《议覆同姓为婚未可弛禁折》,继而又撰写了《删除同姓为婚律议》,考证历代同姓为婚禁律的本义,指出清承《明律》,二百年来罕见引用,且律、例两歧,民间早已不以为非,此律久同虚设,不能实行,应予删除。

变通秋审旧制。1910年,高等检察厅检察长徐谦奏请次第停止秋审。沈家本覆核后上《变通秋审覆核旧制折》,提出《法院编制法》已行,行政各官不得违法干涉审判,秋审制度狃于虚文,必应变通。提议嗣后秋审人犯,外省由按察司或提法司审勘,法部核议,其督抚、布政会审制即行停止;朝审人犯由法部核议,无须奏派覆核大臣,其秋、朝审会同九卿审录制亦即停止。宪政编查馆核议后基本同意。

改变行刑场所。中国古代行刑于市。沈家本以多年司法经验,认为此制长凶暴之风,常人习于见闻,流为惨刻,有碍教育。且在闹市行刑,不仅有乖政体,还容易别酿事端,周防不密。因而在《变通行刑旧制议》中,建议仿国外刑制,京师别设刑场,筑物数椽,缭以墙垣,各直省、府、厅、州、县在原行刑地围造墙垣,除监视官吏、巡警、弁兵外,须由承审官许可,方准入场,其余无论何人,一概不准入视。

沈家本上述司法改革的观点和建议,同样贯穿着一条由野蛮而至文明、由特权而至平等、由惩罚而至感化教育、由行政总揽大权而至司法审判独立的基本理念和原则。这是西方法律观念影响的结果。与修订法律一样,它们大多数得到了清廷的支持和批准,从而使这些改革设想落在了实处,开启了司法制度的新风尚。

三、修订法律重在翻译

在担任修订法律大臣期间,沈家本筹备组建了修订法律馆,排除各种困难和阻力,做了大量艰苦细致的工作,以保障修律任务的顺利完成。主要有:

从事外国法律翻译。沈家本十分重视学习、借鉴国外先进法律制度,翻译外国法律成为修订法律馆和修订法律最重要的基础性工作。为此,修订法律馆专设译书处,招募留学人员充任翻译工作。在开馆不到一年时间,就译成德意志《刑法》、《裁判法》,俄罗斯《刑法》,日本《现刑法》、《改正刑法》、《陆军刑法》、《海军刑法》、《刑事诉讼法》、《监狱法》、《裁判所构成法》、《刑法义解》。

1907年，修订法律馆开馆三年后，沈家本给朝廷的奏折中开列译成的法律，包括《法兰西刑法》、《德意志刑法》、《俄罗斯刑法》、《意大利刑法》、《日本刑法》、《德国民事诉讼法》、《日本刑事诉讼法》、《法兰西印刷律》等26种。已译未完成的有《比利时刑法》、《美国刑法》、《瑞士刑法》、《芬兰刑法》、《德意志民法》、《德意志旧民事诉讼法》、《美国刑事诉讼法》等共10种。沈家本坦陈，译书以法律为最难。尤其中国法律处于转型期，许多法律名词未定，翻译更不容易。每译一书，沈家本都与译员逐句逐字反复研究，务得其解。

1909年初，沈家本在奏折中又一次开列修订法律馆所译法律清单，包括《日本商法》、《日本票据法》、《日本改正刑事诉讼法》、《日本改正民事诉讼法》、《日本现行刑事诉讼法》、《日本现行民事诉讼法》、《德国海商法》、《德国国籍法》、《德国高等文官试验法》、《德国裁判官惩戒法》、《德国行政官惩戒法》、《英国国籍法》、《美国国籍法》、《美国破产法》、《奥国国籍法》、《奥国法院编制法》、《法国国籍法》、《葡萄牙国籍法》、《西班牙国籍法》等。已译未完的有《日本民法》、《德国民法》、《法国民法》、《奥国民法》、《德国改正民事诉讼法》、《德国强制执行及强制竞卖法》、《法国刑事诉讼法》、《奥国民事诉讼法》等。年底，在奏折中开列已译法律条文有《德国民法总则条文》、《奥国亲属法条文》、《瑞士民法总则条文》、《瑞士亲属法条文》、《法国民法总则条文》、《法国民法身分证书条文》、《法国民法失踪条文》、《法国民法亲属条文》等。

实地考察国外法制状况及调查国内民商事习惯。在修订法律馆初译各国刑律后，沈家本便提出刑法执行尤重经验，日本改律之初，即派人多次分赴欧洲考察，中国与日本同洲同文，应选派学识通达人员前往考察。为此,特奏请派法部郎中董康等人赴日本考察。1907年,沈家本在奏折中提醒,因经费问题,上年董康等人仅将裁判、监狱两项查明归国,考察欧美法制尚未落实。同年,沈家本在奏折中提出派员调查各省民商习惯,随时报告。1908年,沈家本再次奏请凡各省习惯有应实地调查者,应随时派员前往详查。1909年,修订法律馆拟定了详细的调查提纲,奏派编修朱汝珍赴各省调查商习惯。1910年,修订法律馆拟定《调查民事习惯章程十条》,选派馆员分赴各省详查民事习惯。

兴办法律学堂造就人才。修律初始,沈家本即预见到新律既定,各省却乏用律之才。适值学部大臣《奏定学堂章程》内列有政法科大学,沈家本与伍廷芳向朝廷奏设法律学堂,提出三项主张:一是定课程。赞同学部所定课程,将四年毕业改为三年毕业,另立速成科,限一年半毕业。二是筹经费。请各省分筹经费,户部筹拨开办费。三是广任用。毕业生凭考试分别等差任用。1906年,沈家本在《进呈诉讼律拟请先行试办折》中,提请各省法律学堂培养律师人才,毕业考试合格后颁发文凭,分拨各省以备办案之用。同年,制定京师法律学堂章程。1907年,提出在法律学堂另开一班,培养看守所人员。同年,又提出在各省法律学堂或新监狱内,附设监狱学堂,培养造就监狱官吏。

此外,沈家本还在修订法律馆和法律学堂内聘请国外法律专家从事调查、翻译、纂修、讲课工作,尤以日本法学博士冈田朝太郎为著。

修订法律馆开展的卓有成效的工作,是与沈家本站在世纪之初、中国法律转型交汇点上的深谋远虑分不开的。通过翻译各国法律,世界主要发达国家的法律制度灿然备至,以资借鉴,这是沈家本修律首重翻译,直接吸收和学习先进法律文化指导思想的体现。通过考察国外法制状况,开阔了眼界。调查国内民商事习惯,则体现了化合中西的深远见解。可惜的是,这一伟大的设想却因各种原因并未真正体现在民商法律的规定中。通过兴办法律学堂,培养造就了新式法律人才,这对中国法律制度演进的影响是至为深远的。

四、"礼法之争"孰胜孰负

在沈家本修律过程中,围绕修订法律馆制定的《刑事民事诉讼法》、《大清新刑律》(又名《修正刑律草案》),发生了以张之洞、劳乃宣为代表的"礼教派"和以沈家本为代表的"法理派"之间的争论,史称"礼法之争"。

1906年,沈家本上奏《进呈诉讼法拟请先行试办折》,将他主持拟定的《刑事民事诉讼法》上报朝廷,清廷则将其批交各地研究。结果,这部采用了西式法律体系和制度的法案遭到了部抚大臣的普遍反对。其中,当初曾保举他修律的张之洞,在1907年所奏《遵旨核议新编刑事民事诉讼法折》中,对新法律表示了强烈的不满。

张之洞认为,新法律基本采用了西法,有违中国法律本原,于中国情形亦未尽合,不仅不能挽回法权,还会转滋狱讼。中国法律本原,与经术相表里,最著者为亲亲之义,男女之别,而新法律父子必异财,兄弟必析产,夫妇必分资,甚至妇人女子,责令到堂作证,袭西俗财产之制,坏中国名教之防,启男女平等之风,悖圣贤修齐之教。至于家室婚姻,为人伦之始,子孙嗣续,为宗法所关,古经今律,皆甚重之。中国旧日审案,如条例未及,往往援三礼以证之,新法律皆未规定,此所谓有违中国法律本原。今日环球交通之世,旧法虽不能不量加变易,东西各国法律亦可取其所长,补我所短,但必须将中国民情风俗,法令源流,通筹熟计,然后量为变通。收回治外法权,貌似须法制完备,实则专视国家兵力之强弱、战守之成效。此所谓难挽法权而转滋狱讼。且西洋各国,皆先有刑法、民法,然后有刑事、民事诉讼法。编纂法律须有体有用,先体后用,因此,应先将刑法、民法等实体法编定,再议刑事、民事诉讼法。

这是在修订法律问题上新旧势力观点的第一次碰撞。虽然并未形成真正的交锋,但双方立论的基础和观点的歧异却表露无遗。由于此时旧势力占绝对的优势,这部法律未能颁布实施。

1907年,沈家本将他主持制定的《大清新刑律》上奏朝廷。在奏折中,他坦陈迫于局势,修律已万难守旧,旧律不能不改。实际上,这份奏折表达了他改造中国旧有法律的决心。不出所料,新刑律遭到了守旧势力的普遍反对。其中,学部奏折中的反对意见最具代表性。

学部的意见立基于三纲五常,认为新刑律有妨礼教。1. 中国法律维护君臣之伦,所以旧律对于谋反、大逆者不问首从,凌迟处死。新刑律对于颠覆政府等罪或不处以死刑,罪重法轻,有违君为臣纲。2. 中国法律维护父子之伦,所以旧律凡殴祖父母、父母者死,殴杀子孙者杖。新刑律凡伤害尊亲属致死或笃疾者,或不科以死罪,是视父母与路人无异,有违父为子纲。3. 中国法律维护夫妇之伦,所以旧律中妻殴夫者杖,夫殴妻者非折伤勿论;妻殴杀夫者斩,夫殴杀妻者绞。新刑律并无妻妾殴夫之条,有违夫为妻纲。4. 中国法律维护男女之别,所以旧律犯奸者杖,行强者死。新刑律亲属相奸与平人无别,破坏男女之别。5.中国法律维护尊卑长幼之序,所以旧律凡殴尊长者,加凡人一等或数等;殴杀卑幼者,减凡人一等或数等。新刑律无尊长殴杀卑幼之条,破坏尊卑长幼之序。另外,对新刑律废除笞杖、施行罚金、酌减死罪、死刑唯一、删除比附、惩治教育等主张也都提出批评。

学部意见实际上出自张之洞的授意,反映了他的思想和观点。由于张之洞是朝廷重臣,又是推荐和保举沈家本修律的主要人员,因此,这份全面否定新刑律草案的奏折,带给沈家本及其修订法律馆的压力是可想而知的。

1909年底,经过法部审定,定名为《修正刑律草案》的新刑律上奏朝廷,交宪政编查馆核议。该馆参议、考核专科总办劳乃宣(1843—1921)撰《修正刑律草案说帖》,对新刑律未将义关伦常诸条按照旧律修入正文提出批评。他建议本旧律之义,用新律之体,将有关伦常礼教内容修入新刑律,具体包括:十恶、亲属相为容隐、干名犯义、犯罪存留养亲、亲属相奸、亲属相盗、亲属相殴、发冢、犯奸、子孙违犯教令。对这些罪名,凡新刑律未列入的,除十恶外,劳乃宣均仿新律体例并根据不同情况拟定了法条和相应的刑罚。

针对劳乃宣的批评,沈家本撰写了《书劳提学新刑律草案说帖后》,对劳氏的观点和修正条款一一辨驳:1.干名犯义。此告诉之事,不必另立专条。2.犯罪存留养亲。古无罪人留养之法,此法未尽合理,前人已有议之者,此法不编入草案,无悖于礼教。3.亲属相奸。究属个人过恶,未害及社会,旧律重至立决,未免过严。此事何处无之,而从无人举发,皆因法重。法重则势难行,法轻则人可受,遇事尚可示惩。应于判决录详定等差,毋须另立专条。4.亲属相盗、亲属相殴。并在酌量减轻之列,应于判决录内详定等差,毋须另立专条。殴尊亲属者,修正草案内已有明文。5. 故杀子孙。揆之新刑律,与《唐律》轻重大致相等,可明定于判决录内,毋须另立专条。6. 杀有服卑幼。与新刑律草案无大出入,可于判决录内规定等差,不必多立专条。7. 妻殴夫、夫殴妻。《唐律》与凡人罪名相去不远,《明律》夫则改轻,妻则改重,实非夫妻本义。今酌拟办法,夫从重比,妻从轻比,与凡人稍事区别,亦于判决录内详细规定,不必另立专条。8. 发冢。修正草案第二十章已有,不必再补。9. 犯奸。无夫妇女犯奸,欧洲法律并无治罪之文。此事有关风化,当于教育上别筹办法,不必编入刑律之中。10. 子孙违反教令。违犯教令出乎家庭,全是教育上事,无关于刑事,不规定于刑律之中。

因双方意见不能调和,最后进入资政院议场辩论。会议期间,宪政编查馆将《修正刑律草案》核议完毕,又改名为《大清新刑律》。在给朝廷的奏折中,宪政编查馆否定了劳乃宣的修正意见。1910年,《大清新刑律》交资政院议决,宪政编查馆派杨度(1875—1932)到议场阐述新刑律的立法宗旨。杨度在议场发表演说,尖锐批评传统法律所依据的家族主义原理,认为要使中国发达,法律就必须保护个人自由而采用西方的国家主义原理。劳乃宣以资政院议员身份,邀集亲贵议员105人对新刑律再次提出修正案,计修改、移改、复修、增纂维护宗法礼教条款十三条又二项,坚持保护家族中父子、夫妻、尊卑长幼的身分差别,维持他们之间不同的法律地位。但是,这一修正案被资政院法典股否决。讨论中,当议及子孙对尊长是否适用正当防卫、无夫和奸是否为罪条款时,爆发大争论,因双方观点无法调和,而以投票方式表决。结果,多数同意子孙对尊长可适用正当防卫及无夫和奸有罪,新刑律总则通过。随后,清廷下谕将总则、分则一起颁布。

在这一轮交锋中,我们可以明显感觉到双方力量对比发生了一些显著的变化。随着张之洞等一批守旧实力派人物的谢世,旧势力已难以控制、压制住新兴力量。修订法律馆仍然是代表新势力的基本阵营,资政院和宪政编查馆这两个主要阵地也逐渐被新势力所控制。局面日新,整个形势起着飞速的发展和变化。

回过头来,我们总结一下"礼教派"和"法理派"所谓的分歧,可以大致概括为:其一,双方都主张"变",但在哪些"变"哪些"不变"上有分歧;其二,"礼教派"并不反对借鉴国外法律制度,而是要以中国传统道德风俗和礼教为立法根本;"法理派"并不全盘反对礼教,而是要以西方法律原则和制度为立法根本。其三,"礼教派"的观点虽然守旧,但并不反动;"法理派"的观点虽然革新,但并不先进。其四,"礼教派"的观点并非总是得到朝廷的支持;"法理派"的观点往往最终得到朝廷的肯定。

很难说"礼教派"、"法理派"谁是胜利者、谁是失败者。沈家本与张之洞、劳乃宣只有修律观点的分歧,而无本质的不同。他们与康有为、梁启超也没有本质的不同,只不过是变法过程中程度的差别。孙中山才是与他们有根本区别的人。此后一百年,中国社会的实际变迁走了一条和他们的争论完全不相干的道路。从一个较长的历史时期看,他们都是失败者。

五、法律思想贵在"会通"

沈家本的一生,主要是在官场度过的。作为一名技术官僚,他必须不断地学习、积累,而拥有丰富的法律知识和法律经验,恰恰是朝廷重用、特别是在关键时刻起用他修律的重要因素。一半是官僚,一半是学者,这是沈家本人生经历的主要写照,也是他外在形象和内心世界的真实反映。从学术渊源看,他的训练主要来自科举考试和传统的经史考据。因此,尽管勤于学习,著述颇丰,他的主要精力都放在了科举、考据、案牍上,少有关于法律方面的系统思考和见解。这一点,在他晚年的夫子自道中说得明白:

> 余性钝拙,少攻举子业,进步极迟。乙丑举于乡,复困于礼部试。癸未始脱举籍。此数十年中,为八比所苦,不遑他学。间或从事经史考证之书,若古文词未之学也。癸未后,复困于簿书,所讲求者案牍之文,多作狱讼驳诘之语,昕夕从公,幸无陨越而已。迨癸卯岁,奉命修订律例,不得不研究法学之编。乃年齿日颓,不能深求学理,偶有论说,不过一隅之见。①

但是,由于所处的时代正是新学与旧学、新法与旧法相嬗递的时代,加之将近10年修订法律的生涯,始终使他置身于做出方向性判断和抉择的风口浪尖,这就要求必须对某些重大问题有着极为清醒的认识。这些认识主要散见于《寄簃文存》中,虽然只是一鳞半爪,很不系统,仍是沈家本留给我们的宝贵精神财富。

以仁为核心的轻刑思想。作为一名长期在刑部任职,熟悉中国历代法律,而后又系统地接触并了解了各国法律的修订法律大臣,沈家本敏感地捕捉到了中西法律之间"中重而西轻者为多"②

---

① 沈家本:《寄簃文存》,《小引》。
② 沈家本:《寄簃文存》,《删除律例内重法折》。

这个十分重大而关键的问题。他将《删除律例内重法折》作为《寄簃文存》的首篇,充分显示了对这一问题的关心和重视。当然,在指出这一问题的同时,他必须从中国古代的圣贤之言中找到一个适当的借口,那就是:"治国之道,以仁政为先,自来议刑法者,亦莫不谓'裁之以义而推之以仁'。然则刑法之当改重为轻,固今日仁政之要务,而即修订之宗旨也。"①正是在这一思想的指导下,他紧紧抓住了"改重为轻"这个关键点,从而牢牢把握住了修律的方向,使其符合世界发展的潮流。"方今环球各国刑法,日趋于轻,……今刑之重者,独中国耳。以一中国而与环球之国抗,其优绌之数,不待智者而知之矣。"②在他的倡议下,凌迟、枭首、戮尸、缘坐、刺字这些野蛮的刑罚被废除了,死罪的数量减少了,礼教派竭力主张的亲属相奸从轻了、子孙违反教令从刑法条款中剔除了。从长远的观点看,沈家本的思想不仅符合当时世界发展的潮流,也符合历史发展的潮流。

  法贵因时变通的思想。沈家本给朝廷的许多奏折中,喜爱使用"变通"一词,这是沈家本法律改革的主要措词,是他希望通过改革法律从而挽救时局和国运思想的反映。"臣默觇世运,慨念时艰,欲筹挽救之方,不得不变通办理。"③他所主张的"变",方向性很明确:一是往文明的方向变,一是往平等的方向变,一是往轻刑的方向变。正是在这一思想的指导下,刑讯逼供禁止了,监狱改良了,男女、满汉适用法律平等了,奴婢制度废除了,体例、概念、刑种

---

① 沈家本:《寄簃文存》,《删除律例内重法折》。
② 沈家本:《寄簃文存》,《重刻明律序》。
③ 沈家本:《寄簃文存》,《旗人遣军流徒各罪照民人实行发配折》。

焕然一新的《大清新刑律》诞生了。虽然这一思想指导下的法律改革主张在当时饱受争议,但从今日的眼光看,他所坚持的改革方向无疑是正确的。

实事求是的经验主义法律思想。沈家本久在刑曹,积累了丰富的司法经验,加之熟读律例,淹通经史,因而在分析法律问题时,往往并不囿于中西古今之论,既不盲从古人,也不迷信西学。这种实事求是的经验主义法律思想,在《论威逼人致死》一文中得到了充分的体现。中国自《明律》设威逼人致死罪,甲自杀而乙抵命,且有日益加重之势。欧洲各国刑法与中律相反,自杀者为重罪犯。沈家本依据丰富的司法经验和入情入理的分析,认为中法、西法两种处理方式都是"可议"的。[①] 以今日的法律观来看,沈家本的认识无疑是客观公允的。他之所以能够持论平允地看待问题,是与他在长期司法实践中感悟法律,特别是能够看穿法、理、情之间的内在关联分不开的。"方今世之崇尚西法者,未必皆能深明其法之原,本不过借以为炫世之具,几欲步亦步,趋亦趋。而墨守先型者,又鄙薄西人,以为事事不足取。"[②]正是因为具备了丰富的法律经验、坚实的法律知识,实事求是的态度,他才脚跟站得稳,才敢于发出"古今中外之见,又何必存哉"[③]的感慨。

溶铸古今、会通中西的法律思想。如同喜爱使用"变通"一词,沈家本喜爱使用的另一个词是"会通"。沈家本所处的时代,正是新学与旧学、中学与西学交相迭荡的风云际会时期,大抵奉旧学、

---

① 沈家本:《寄簃文存》,《论威逼人致死》。
② 沈家本:《寄簃文存》,《裁判访问录序》。
③ 同上。

中学者多鄙薄新学、西学,持新学、西学者多排抵旧学、中学。难能可贵的是,沈家本始终能够超越门户之见,既看到二者的不同,又看到不同中的相同之处和继承关系。他说:"大抵中说多出于经验,西学多本于学理。不明学理,则经验者无以会其通;不习经验,则学理亦无以证其是。经验与学理正两相需也。"①又说:"新学往往从旧学推演而出,……旧不俱废,新亦当参,但期推行尽利,正未可持门户之见也。"②因此,他反对不顾中律本原妄取西法:"余奉命修律,采用西法,互证参稽,同异相半。然不深究夫中律之本原而考其得失,而遽以西法杂糅之,正如枘凿之不相入,安望其会通哉?"③又反对抱残守缺不懂吸收国外先进法律:"我法之不善者当去之,当去而不去,是之为悖;彼法之善者当取之,当取而不取,是之为愚。夫必熟审乎政教风俗之故,而又能通乎法理之原,虚其心,达其聪,损益而会通焉,庶不为悖且愚乎。"④在这一思想指导下,假以时日,环境允许,沈家本也可能制定出融中国国情、观念、习俗以及西方学说、思想、制度为一体的法典。修订法律馆从事的一些基础性工作,如调查国内民、商事习惯,无疑也在向着这个方向努力。然而,令人遗憾的是,无论修订法律馆制定、颁布的法律,还是嗣后民国时期制定、颁布的法律,几乎都是把国外法律条款简单照抄、照搬过来,很少考虑、照顾到中国的民情、民俗,更不用说将二者会而通之、完美地结合起来了。当然,这并不是沈家本及其修订法律者的错误,整个社会的浮躁、急躁、变化以及不同利益集

---

① 沈家本:《寄簃文存》,《王穆伯(佑)新注无冤录序》。
② 沈家本:《寄簃文存》,《法学名著序》。
③ 沈家本:《寄簃文存》,《大清律例讲义序》。
④ 沈家本:《寄簃文存》,《裁判访问录序》。

团的挤压容不得他们有优裕的心态和宽松的环境去完成那么崇高的使命,他们所从事的只是一项需要抓紧完成的工作。民国时期的法律起草者已经是职业法学家,不复有沈家本那样高远的目标了。

从一名刑部旧官吏,满脑子《四书》、"五经"的科场举子以及笃信儒学的传统士大夫到能够较为深入地理解西法本原,提倡吸收外国法律文明并身体力行的实践者,沈家本的思想经历了一个明显的转变过程,其中,将近10年的修订法律,对于西律的深入、细致研求是促成他思想转变的主要因素。关于中、西本原的不同,他有一段极为深刻的议论:"抑知申韩之学,以刻核为宗旨,恃威相劫,实专制之尤。泰西之学,以保护治安为宗旨,人人有自由之便利,仍人人不得稍越法律之范围。二者相衡,判然各别。则以申韩议泰西,亦未究厥宗旨耳。"[1]仅这一点,他就比将法家的主张称之为"法治主义",将法家的人物归为"法治派"[2]的梁启超认识超前了许多。

六、《历代刑法考》的"得"与"失"

《历代刑法考》是沈家本代表性著作。在这部皇皇巨著中,沈家本对有文献记载以来中国历代刑法制度、律令、刑罚、刑具、监狱、职官等,爬梳整理、条分缕析、探源溯流、比较甄别,往往既考订

---

[1] 沈家本:《寄簃文存》,《法学名著序》。
[2] 梁启超:《先秦政治思想史》。

其原委，复议论其得失。而征引文献的丰富，又足以令今人汗颜。大略统计，计有《尚书》、《礼记》、《周礼》、《易经》、《诗经》、《白虎通》、《荀子》、《慎子》、《左传》、《公羊传》、《孝经纬》、《淮南子》、《文献通考》、《御览》、《初学记》、《北堂书钞》、《史记》、《汉书》、《蜀志》、《晋志》、《晋书》、《旧唐书》、《新唐书》、《宋史》、《辽史》、《金史》、《元史》、《明史》等数十种。从《历代刑法考》一书可知，沈家本平生学术根柢全在经史。如果没有科举制度下对经史的严格训练，完全无法想象《历代刑法考》对中国历史上刑法所做的全面、系统、详实的梳理和考证。如果没有对中国传统典籍基础性的阅读，也无法读懂《历代刑法考》。

《历代刑法考》的主要内容包括：

《刑制总考》四卷。对自唐虞象刑以来一直到明代的刑制作了概要式归纳和考证，因而名为"总考"。归纳、考证之外，沈家本尤为重视总结因刑而导致王朝覆灭的历史经验和教训，进一步阐发了"刑者非威民之具，而以辅教之不足"①的思想。他总结商亡的教训是"淫刑以逞，而国亦随之亡矣"，②因而认为荀子"治则刑重，乱则刑轻，非笃论也。"③总结秦亡的教训时告诫人们"慎勿若秦之以刑杀为威"。④

《刑法分考》十七卷。对夷三族（七族、九族、十族）、醢、斩、绞、宫、墨、流、徒、杖等刑分门别类，考之史籍，因而名为"分考"。沈家本运用扎实的考据，对一些后人习以为常的错误说法正本清

---

① 沈家本：《历代刑法考》，《刑制总考》一。
② 同上。
③ 同上。
④ 沈家本：《历代刑法考》，《刑制总考》二。

源。如"炮格"一刑,沈氏依宋本和古籍标音,断为"格"字无疑,指出今本伪作"炮烙",皆为后人所改。① 在解释"烹"刑时,指出《史记》、《汉书》中"烹"皆作"亨","亨"即古"烹"字。②"陵迟"(凌迟)一刑,沈氏依其本义,释为"陵迟之义,本言山之由渐而高,杀人者欲其死之徐而不速也,故亦取渐次之义。"③结合考据,沈氏进一步阐发了他的轻刑思想。他高度评价汉文帝废除肉刑,谓之千古仁政,批驳班固、郑玄等主张恢复肉刑的言论,断言"欲以肉刑止奸而禁暴,其无效也可知矣。"④批评"廷杖为有明一代粃政",⑤以为"明祚之亡,基于嘉靖,成于万历,天启不过扬其焰耳"。⑥

《赦考》十二卷。释赦义、叙赦事、别赦名、述赦例,考证前代赦仪,汇集历代赦论。沈家本对赦持否定态度,直言大赦之法"不问情之浅深、罪之轻重,凡所犯在赦前则杀人者不死,伤人者不刑,盗贼及作奸犯科者不诘,于是赦遂为偏枯之物,长奸之门。"⑦汉代桓帝在位21年,大赦14,灵帝在位22年,大赦20,几乎无年不赦,沈家本感慨道:"汉赦之多无逾桓、灵者,愈赦愈乱,赦何益哉?"⑧总结汉代赦事"大抵盛时赦少,乱时赦多。"⑨唐代也是"大抵盛时赦少而例严,及其衰也,赦多而例亦宽矣。"⑩

---

① 沈家本:《历代刑法考》,《刑制总考》二。
② 同上。
③ 同上。
④ 沈家本:《历代刑法考》,《刑法分考》五。
⑤ 沈家本:《历代刑法考》,《刑法分考》十四。
⑥ 同上。
⑦ 沈家本:《历代刑法考》,赦一。
⑧ 沈家本:《历代刑法考》,赦三。
⑨ 同上。
⑩ 沈家本:《历代刑法考》,赦八。

《律令》九卷。梳理各种典籍对律、令、科、法的解释,对《黄帝李法》以来至明代的历代律令,不论已亡未亡,均作了详尽无遗的考订。难能可贵的是,作为科举出身的饱读经史的士大夫,沈家本并不盲目迷信圣贤之言,好古而不泥古。他在评价子产铸刑书时有一段颇能代表其价值取向的议论:"子产铸刑书而叔向责之,赵鞅铸刑鼎而仲尼讥之,如此传文则刑之轻重不可使民知也。而李悝作法,萧何造律,颁于天下,悬示兆民,秦汉以来,莫之能革,以今观之,不可一日而无律也。为当吏不及古,民伪于昔为是,圣人作法不能经远,古今之政何以异乎?……圣人制法,非不善也,古不可施于今,今人所作非不圣也,足以周于用。所谓观民设教,遭时制宜,谓此道也。"①他对《唐律》评价颇高,认为轻重适得其中。贞观徙死罪戍西州,天宝以重杖代极刑而斩绞之名废,元和除十恶等项外悉流天德五城,他认为"是废止死刑之说实胚胎于唐,虽未全废而存者已少矣。"②金代康宗七年,因歉收流民转而为盗,拟为盗者皆杀之,金太祖说:"以财杀人,不可。财者,人所致也。"③沈家本高度评价这句话,认为是千古名言。这些认识和思想,对于今天的法制建设也是大有教益的。

《狱考》一卷。释狱义并考历代狱事。按照沈家本的解释,"古者狱无监名,称狱为监,盖自《明律》始,今则通称为监矣。"④中国古代狱内的黑暗与残酷,丑恶不堪,令人发指,沈家本对此多有考评。他在论汉代狱事时说:"汉代狱中情状,大氐尽于此数事矣。

---

① 沈家本:《历代刑法考》,律令一。
② 沈家本:《历代刑法考》,律令四。
③ 沈家本:《历代刑法考》,律令七。
④ 沈家本:《历代刑法考》,《狱考》。

临江王以故太子迫而自杀,周勃、周亚夫以丞相之贵见辱于狱吏。以贵宠体貌之大臣,小吏得施其詈骂榜笞,积威之渐,子长言之可云痛心。后之论狱者,其亦有哀矜之意乎?"①在论及明代狱事时,他更痛心地指出:"前明卫狱以听断之权授诸武夫,而又与奄竖相倚,其冤惨何可胜言。恂一代之秕政,为古今所无者。"②

《刑具考》一卷。考桎梏、杻、械、枷、锁、鞭、笞杖等刑具名称、制式、用法。

《行刑之制》一卷。考行刑方式、时间、停刑日期。对"刑人于市"的所谓古代通行做法予以纠正,指出早在唐代,"弃市之制,当时已废。后世之市,既与古制不同,杀人于市,已与古制不能尽合。今时惟京师尚于市,各省直情形不同,有在教场者,有在城外者。所谓杀人于市,亦虚有其文而已。"③

《死刑之数》一卷。《唐死罪总类》一卷。考历代法律死罪条目数。对《唐律》死罪分门别类,逐条梳理,考订尤细。

《充军考》一卷。考充军源委、嬗变、远近、管理。质疑充军之令始自明代之说,认为发罪人以充军,秦汉之时久有此令,不在常刑中而已。对明《问刑条例》中充军款目条分缕析,考订甚详。比较明、清两代充军之异,认为名存而实亡,名同而实异,亟应变通。

《盐法考》、《私矾考》、《私茶考》、《酒禁考》、《同居考》、《丁年考》合一卷。考私盐、私矾、私茶之禁及酒禁,考同居之义,考历代赋役成丁之年。有趣的是,沈家本在《丁年考》卷后,附"东西各国

---

① 沈家本:《历代刑法考》,《狱考》。
② 同上。
③ 沈家本:《历代刑法考》,《行刑之制考》。

责任年龄表",认为中国古代的成丁年龄与现代刑事责任年龄是一个意思。

《律目考》一卷。对李悝《法经》以来至《明律》的历代律目一一胪列,次序考证。

《汉律摭遗》二十二卷。系《历代刑法考》中用力最勤,考证最难的篇章。《汉律》考证之难,在于"《汉律》久亡,其散见于史传者百不存一。"①沈家本依照萧何"九章之律"中的盗律、贼律、囚律、捕律、杂律、具律、兴律、厩律、户律,分门别类,"以律为纲,逐条分入,目之可考者取诸《晋志》,事之可证者取诸《史记》及班、范二书,他书之可以相质者,亦采附焉。"②终汇集成册,蔚为大观,一见《汉律》本来面目。除萧何"九章之律"内容外,另有:《傍章》、《越宫律》、《朝律》一卷。《傍章》为叔孙通所撰礼仪,见于汉律令者;《越宫律》,张汤制;《朝律》,赵禹作。《金布律》一卷。《田租税律》、《田令》一卷。《篚令》一卷。《杂录》一卷,汇录不详应归何类者。《军法》一卷。《决事类》一卷,附汉代决事比、春秋断狱、廷尉决事故事。《汉律摭遗》充分显示了沈家本深厚扎实的经史考据功底。

《明律目笺》三卷。明代律目,洪武七年所修者,一准于唐。二十二年重修律文,古来律式为之一变,但考其细目,不过在《唐律》基础上增损改窜,仍不能越其范围。所以,沈家本在《明律目笺》中,亦不过就《明律》之目,以唐律目校其异同,考其得失。沈家本循薛允升右唐而左明之说,对《明律》多持批判态度。如他认为"五

---

① 沈家本:《历代刑法考》,《汉律摭遗》,"自序"。
② 同上。

刑"自隋《开皇律》以笞、杖、徒、流、死为五刑,"《唐律》仍之,相传至今,遵循勿改。……《明律》承唐,以笞、杖、徒、流、死列入五刑之目。而律文中有陵迟若干条,条例中有枭首若干条,又别有充军之法,是皆轶于五刑之外者。夫刑不止于五,而仍以五刑列于篇首,已非其实。"①又如在"应议者犯罪"条中,他在比较了《唐律》和《明律》的异同后说:"唐必死罪方奏请,流以下径自减等,其法极宽。明则概须奏请,其法遂严矣。"②并进一步议论说:"唐代优礼臣下,体恤倍至,故立法宽。明祖承元代废弛之后,以峻厉驭臣下,故立法严。宗旨不同,法遂悬殊如此。"③

《明大诰峻令》一卷。明初法纪废弛,人多徇私灭公,明太祖以严刑治之,"其峻令之著于《大诰》者,多出于律外。"④本卷所考者,有族诛、凌迟、极刑、枭令、斩、墨面文身挑筋去指、墨面文身挑筋去膝盖、刴指、断手、刖足、阉割为奴等酷刑。这些酷刑本已令人触目惊心,但更令人惊奇的是这些酷刑的执行。贵溪县儒士夏伯启叔侄二人去左手大指不仕,苏州姚叔闰、王谔拒绝赴京任官,均被枭令,籍没其家。溧阳县皂隶潘富在逃,沿途获多户暗助递送,竟将递送者一百零七户尽行枭令,抄没其家。⑤但是,峻令的施行并没有扭转民风民俗,明太祖亦悟严刑不足以化民的道理。洪武二十三年,《大诰》峻令不复施用。

《历代刑官考》二卷。述历代刑官之制,并加以考论。

---

① 沈家本:《历代刑法考》,《明律目笺》一。
② 同上。
③ 同上。
④ 沈家本:《历代刑法考》,《明大诰峻令》。
⑤ 同上。

作为传统的法律史学术著作,《历代刑法考》卷帙浩繁、体系庞大、考证精良、论述允当,而于大量史料中搜罗爬剔、披沙拣金,尤见作者功力,是一部以传统中学方式治法律史的学术名著。当然,由于时代和个人的局限,书中个别观点也有值得商榷之处。

《律令》九卷"律令六""强盗欲举自首"条中,在"元丰八年十一月癸巳,诏按问强盗,欲举自首者毋减"①后,沈家本按:"此司马温公与安石争之而不得者也,安石非而温公是。"②言短意简,观点却很鲜明,即肯定司马光否定王安石的观点。《历代刑法考》之所以略而不表,是由于在《寄簃文存》中,沈家本对司马光和王安石因一起案件在这一问题上的观点分歧有过详细论述,这就是历史上有名的宋代"阿云之狱"。阿云许嫁未行婚礼,因嫌夫婿貌丑,遂乘其在田间休息之机,砍十余刀,不能杀,断其一指。吏疑为阿云作案,欲加刑讯,即供认。当时许遵主政登州,为阿云翻案,主张以谋杀减二等论,与刑部、大理观点皆不同。皇帝诏司马光、王安石同议,司马光主刑部、大理观点,王安石则主许遵观点。争论的焦点最后集中在谋与杀究竟为一事、为二事,有所因、无所因等问题上。此案满朝纷议,众多名臣和法官皆卷入争论之中。抛开争论的具体观点不论,司马光与王安石在争论的立场和方法上确是有着旗帜鲜明的不同。王安石认为"有司议罪,惟当守法……若有司辄得舍法以论罪,则法乱于下,人无所措手足矣。"与此相反,司马光则认为:"分争辨讼,非礼不决。礼之所去,刑之所取也。"这样的分歧,难免使人想起沈家本为代表的法理派和张之洞、劳乃宣为代表

---

① 沈家本:《历代刑法考》,律令六。
② 同上。

的礼教派之间的分歧,二者何其相似!然而,令人难以理解的是,在"阿云之狱"这个问题上,沈家本却没能摆脱传统伦理道德的影响,力主司马光而反对王安石的观点。① 他的这一主张,也与其"法之行也全在当局之人主持之,自古无真是非"②的观点自相矛盾。此可议者一。

《律令》九卷"律令八""植物动物禁令"条述及元代律令时,有"至治二年三月,禁捕天鹅,违者籍其家"的规定。对此禁令,沈家本引《续通考》评价说:"以禽兽细微而至籍没资产,不太甚乎?元政之衰,于此可见。"并考证大兴县县官每年都差老百姓在湖中种茨菰引诱天鹅游食,等天鹅成千上万来时,放飞海东青捕获天鹅,大开宴席,数宿而返。最后感慨道:"天鹅之禁,以供大驾之来,以一游嬉之事,罪至籍没,元法亦酷矣哉!"③在这个问题上,沈家本和许多史学家一样,犯了主观主义错误。他们先天性地认为蒙古族是游牧民族,因此,元代律令是粗糙的、野蛮的、残酷的,连天鹅都禁捕,岂不是元代律令残酷、元代政治衰败的铁证吗?今人读之,不禁哑然。此可议者二。

《明律目笺》三卷以《唐律》校《明律》,右唐而左明,个别观点有失公允。如在"居丧嫁娶"条中,沈家本比较汉、唐、明三代的处罚说:"惟汉法罪至弃市,似觉太重。唐改为徒,斯为得中。明改为杖,则太轻。"④其实,居丧嫁娶在民间颇为普遍,法律屡禁不止,《明律》改轻,是符合时代和法律的发展潮流的。沈家本对此并非

---

① 沈家本:《寄簃文存》,《宋阿云之狱》。
② 沈家本:《历代刑法考》,律令六。
③ 沈家本:《历代刑法考》,律令八。
④ 沈家本:《历代刑法考》,《明律目笺》二。

不知,但他戴了一顶"《唐律》轻重适得其中"的帽子,就不能不竭力去寻找这方面的"证据"。今日法律史学家亦有"唐律得中"的看法,究其根本,即源于沈家本,沈又源于薛允升。世风日变,法律代有损益,或增重或减轻,皆平常之事,切不可胶柱鼓瑟,按条套移某一标准。此可议者三。

七、正确认识和评价沈家本

长期以来,在法律史学领域盛行一种贴标签式的研究方法。上述礼法之争中,将礼教派想象为并贴上"封建的"、"落后的"、"反动的"标签,将法理派想象为并贴上"资产阶级性质的"、"先进的"、"革命的"标签,即其典型一例。在沈家本的研究和评述中,这股风气尤为盛行。沈家本身后沉寂冷落多年,20世纪90年代,法律现代化成为法学界研究的热点问题,沈家本也应运成为法学界追捧的热点人物,一时之间,美评如潮。这些贴标签式的赞语有:"沈家本是中国法律现代化第一人","中国古代法统的掘墓人","中华法系的终结者","沈家本——我国法制现代化之父","将西方法律和东方法律结合得最完美的集大成者","溶铸古今,学贯中西","中国近代比较法学的奠基人和开拓者"。更有甚者,竟有人认为沈家本是"依法治国的首倡者","沈家本的法律改革属于资产阶级民主主义范畴"。

这些标签有的有过度赞誉之嫌,有的名实不符,有的曲解历史、附会古人,不得不为之一辩。

19世纪末20世纪初是中国社会的转型期,也是中国法律的转型期,沈家本适逢其时。但是,经历长期科举训练,供职刑部,后来成为清王朝的高级司法官员,上层统治阶级的一员,沈家本从未有过能动变法改革的想法。在这一点上,他和康有为、梁启超有着很大的不同。他是在清王朝实施变法革新的大背景下,一道懿旨,被保举修律的产物。可以说,没有康有为、梁启超,就没有戊戌变法,而没有沈家本,照样会有清末修律,中华法系、中国古代法统照样会在此时终结,中国法律也照样会走上现代化之路。毋须讳言,沈家本是忠于清王朝的,清亡后,许多清代官员拒绝出仕民国,虽然原因复杂,情况不一,但受传统思想影响,不事二主,不做二臣的思想恐怕是主要原因,沈家本抱病不仕,闭门著述,又岂能例外? 他的修律是严格按照清王朝确定的宗旨进行的。作为一名技术官僚,他恪尽职守,殚精竭虑,想使新律更好地为统治阶级服务。他根本没有想过充当什么"终结者"和"掘墓人",也根本不可能想过成为什么"中国法律现代化第一人"或"我国法制现代化之父"。然而,历史往往具有强烈的嘲讽意味。戊戌变法失败了,六君子血洒刑场,而仅仅三年之后,沈家本奉命领导的这场修律,却兵不血刃地在法律制度层面上完成了新旧间的转换,其结果甚至远远超出了维新志士抛洒热血追求的愿望。面对这样的历史,我们只能感叹一声:时势比人强!

不错,沈家本修律的最高理想目标是化合东西、溶铸古今,他在主持修订法律馆期间多次派专人调查中国民商事风俗习惯,就是想制定出既能体现西方先进法律原则和制度,同时又不违背中国固有风俗习惯的法律。然而,在当时的历史背景下和环境中,这种想法和追求无疑太过奢侈,无法实现。最高统治者需要的是尽快拿出能在紧迫时局下解决实际问题的法案,而不是能够传之久远的法典。因此,制定出的一部部法律只能生搬硬套国外法律规定,而无法将两者有机结合起来,这也是新律屡遭朝臣反对的主要原因。在理想和现实面前,沈家本只能向现实低头。他根本不是也不可能作一个"将西方法律和东方法律结合得最完美的集大成者",那只是他的理想。不过,有理想总比没有理想强,此后的立法者又有谁怀抱过这样的理想呢?

"学贯中西"这张标签也与实际不完全相符。沈家本是精通中学、中律,但他既不通西语,也不通西学,对西律也没有更深入、更系统的研究。他之所以能在短短数年修律中仅凭别人翻译的法律条文和教科书就能很好地理解并认识西律的一些重要原则和精神,并且能够从中、西律的差别中持论平允地看到双方的优点和不足,恰恰来源于他扎实的中学传统训练和对中国社会与司法的深刻认识,这是他和伍廷芳的根本区别,也是他能够而伍廷芳不能够在修律中发挥重要作用的原因。

在《寄簃文存》和一些奏折中,沈家本有时也会以中国古代法制比附西方近现代法制,但这样的比附不过是为了证明他的"古今中西初无二致"[1]这个今日看来已是明显错误的观点,因而这些仅凭观察得来的结论往往显得牵强附会,其枘凿不投之处恰恰暴露了他只通中学不通西学的困窘。我们很难把这些只言片语的比附视为比较法学。《论威逼人致死》确实运用了比较的方法,在这篇文章中,沈家本以英、俄、法、德、美、日刑法的相关规定同中律进行比较,并能从比较中得出中法和西法的不足。但如果仅以这篇短文就指认沈家本为"中国近代比较法学的奠基人和开拓者",恐怕

---

[1] 沈家本:《寄簃文存》,《监狱访问录序》。

多少也有誉美之嫌吧？

至于因在《法学名著序》中以赞美口吻提及泰西法治和法治主义，在修律中采用了一些西方法律原则和法律制度，就必谓沈家本是"依法治国的首倡者"，"沈家本的法律改革属于资产阶级民主主义范畴"，不过是以当今流行概念图解历史，以今人观念唐突古人而已。

今日或有沈家本为中国历史上第一个"法学家"之说，以有别于传统意义上的"律学家"。此说也难以成立。考诸以《历代刑法考》为代表的沈氏著述，其主要研究方法仍然是经史考据之法，这种传统的研究方法和薛允升（1820—1901）、赵舒翘（？—1901）并无二致。在《寄簃文存》的一些篇章中，特别是《设律博士议》、《法学通论讲义序》、《法学名著序》、《法学会杂志序》、《读例存疑序》中，沈家本并未将"法"和"律"、"法学"和"律学"作明确的区分，他孜孜以求的"法学"的"萌芽"、"倡明"，也是指秦、汉以来讲求的"法学"，而非与"律学"相区别的"法学"。

其实，我们大可不必在法学领域给沈家本贴上这么多标签，沈家本的学问并不止于法学。"公虽终身于法律之学，然于他书无所不读"。[①] 这些年来，沈家本在其他方面的学问和学术成就被日益高涨的法学名声淹没了，许多人为了自己的需要，忙于给沈家本批发一张张标签和戴上一顶顶桂冠，却少有人真正坐下来发掘和研究他在其他方面的成就。除法学外，沈家本涉猎最多、用力最勤的就是经史了。我们从《日南读书记》十八卷、《说文引经异同》二十一卷、《周官书名考古偶纂》、《诸史琐言》十六卷、《三国志校勘记》

[①] 王式通：《吴兴沈公子惇墓志铭》。

七卷、《明史琐言》、《古今官名异同考》等著述中，可以深切地感受到沈家本深厚的经史考据功底，从而能够更好地理解他的法学成就是建立在怎样的基础之上。从《借书记》中，我们可以看到沈家本的读书兴趣不仅在于法律、经史，还包括风俗、掌故、名物、吏治、神怪、兵法、书画、算学，真正是广闻博记，无所不读。而从《天津府志稿舆地物产笺注》和《天津府志物产校语》中，我们甚至可以看到他对动物、植物以及花卉、翎毛等物也充满兴趣。《清史稿》评价他"少读书，好深湛之思，于《周官》多创获"，失之简单了。

一百年后的今天，当我们再来回味和品评那个历史时期的人物和事件时，可谓别有一番滋味在心头。一个真正历史性人物的形成和造就，时势、际遇、个人奋斗是最重要的三个因素，缺一不可。在这方面，沈家本比他的许多先辈和同侪要幸运得多。也许，没有时势的造就，际遇的眷顾，沈家本的头顶会少了许多光环，他的事业也会显得有些落寞，但他孜孜不倦、日积月累、好学博览、精于法学的品格、学问照样会传之弥远，另一个更加真实、平实的沈家本形象会逐渐清晰地浮现出来。这是大器晚成的沈家本在人生、事业和学问方面给予我们的重要启示。

《梁启超论宪法》导读
——宪政与人权的上下求索

杜钢建

在近代中国人权宪政思想史上,梁启超占有突出重要的地位。他属于近代最早一批将西方宪法理论和制度介绍到中国的先行学者。他对宪法问题的深入思考以及他在不同历史时期积极领导和参与的宪政改革运动,对当时及后世都产生了重大影响。他不仅提出人权是人人生而应有的权利;强调人权的法定化和实有化;高扬人权的平等性和注重人权的对应性;而且开创了团体主义和国家主义的思想路线。他将人权、民权、国权纳入团体主义和国家主义框架的做法,在二十世纪中国思想界留下了深刻的印迹。可以说他所称道的团体主义、国家主义在将近一个世纪中一直在人权思想领域占据主导的甚至有时是垄断的地位,而且这一历史现象还将进一步持续下去。直到今天,梁启超人权宪政思想的历史地位和现实意义还远未被后人所充分认识。研究梁启超的人权宪政思想,无论对于充分发掘他的思想价值为后人探求人权宪政提供启迪和帮助而言,还是对于回顾和总结迫百年人权宪政思想的曲折历程和沉痛教训而言,都是今人不可回避的重要课题。

---

* 本文见《梁启超论宪法》,商务印书馆2013年版。

一、古代宪法与儒家宪政

在宪法的概念问题上,梁启超始终都清楚地知道宪法概念的广义和狭义之分。就宪法的广义概念而言,他认为凡是国家即有宪法。虽然他对宪法问题的许多论述更多的是从狭义概念出发的,但是就宪法广义概念的理解而言,他依然在论宪法的文章中给予了重视。他对宪法概念的认识在很大程度上甚至比今天宪法学界的认识还要深入。今人普遍认为古代没有宪法,宪法只是近代的产物。至于中国古代的宪法问题,今人普遍缺乏基本的常识。梁启超清楚地知道中国古代有宪法,只不过他尚缺乏对古代宪法背后的儒家宪政思想作用的认识。

梁启超在《各国宪法异同论》(1899年)中说:"宪法者,英语Constitution,其义盖可谓国家一切法律根本之大典也。故苟凡属国家之大典,无论其为专制政体(旧译为君主之国)为立宪政体(旧译为君民共主之国),似皆可称为宪法。虽然,近日政治家之通称,惟有议院之国所定之国典乃称为宪法。故今之所论述,亦从其狭义,惟就立宪政体之各国,取其宪法之异同,而比较之云尔。"从梁启超关于宪法广义概念的理解,可以明确知道梁启超认为古代中国也有宪法。宪法既然是国家根本大典,凡是国家者必然有宪法。凡属国家之大典,似皆可称为宪法。作为议院国典的宪法只是近代以来狭义上的宪法。

关于中国古代的会典型宪法问题,梁启超介绍了西方学者在此问题上的认识。梁启超指出,英人布黎士顿(Preston)尝有《清帝国宪法》的论文(Constitutional law of the Chinese Empire)介绍《大清会典》一书,谓其与宪法相类。古代会典实际上就是宪法典。乾隆御制会典凡例云:"以典为纲,以则为目,庶详略有体。"关于中国古代会典与则例的关系问题,日本学者织田万博士(1868—1945)说:"二者之差异及关系,恰如近世立宪国家宪法之与法律。"梁启超对此问题的看法是有倾向性的。他倾向于从广义宪法概念的角度来看待古代宪法的问题。一方面,梁启超知道会典与则例是有区别的。他认为"会典既为经久常行之大法,是则所谓根本法也。根本法固不可屡动摇。"所以乾隆本凡例云:"嗣后如有因时损益之处,其畸零节目,止于则例内增改,既有关大体。"另一方面,梁启超也认识到古代会典与则例在修改程序上没有太大的区别。他主张宪法与一般法律的修改程序应当有所区别。

关于梁启超对古代宪法的认识问题,这里有几部古代宪法需要讨论。一是中国古代第一部宪纲《洪范》,二是中国古代第一部宪典《周官》,三是春秋战国时期齐国的宪法;四是古代箕子朝鲜的宪法,五是古代日本圣德太子的宪法。

(一) 中国古代第一部宪纲《洪范》

《洪范》是中国历史上第一部有可考内容的宪法纲要。所谓"洪"是大,"范"是规范,就是法。洪范就是大法即宪法。《洪范》是箕子应周武王咨询治国纲要时为周朝陈述的宪法纲要。

关于中国古代第一部宪纲《洪范》,梁启超在《宪法之三大精神》中指出:"《洪范》称三占从二,盖以谓从众之治,治道之至善者也。夫各种政制,各有所短,而从众较为近正。此义诚无以为难也。"梁启超在这里指出了《洪范》的宪法精神实际上是主张众治的民主原则。《洪范》的宪法意义在于将从众之治当作治道之至善者。所谓治道之至善者也就是最佳的治道。梁启超指出的这一点非常重要。《洪范》的宪法精神是将众治作为最佳治道,关于这一点,今人尤其缺乏正确的认识。

关于箕子陈述《洪范》的时间问题,这里有必要进行讨论。《洪范》的具体内容最早是由箕子在周武王克商后向周武王陈述的。箕子陈述《洪范·九畴》的时间究竟是哪一年,在中国历史学界有争议。原因在于史书的记载有不同的说法。一是十有三祀,未提年份。《尚书·洪范》记载:"惟十有三祀,王访于箕子。"这里没有按照地支纪年说明具体年号。二是岁在己卯。箕子陈述《洪范·九畴》的时间应当是周武王克商的那一年。史书记载是己卯年。根据箕子当年移居朝鲜的时间看,史书记载的己卯年应当是公元前1122年。箕子在朝鲜的统治时期是公元前1122年至前1082年,在位40年,寿93岁。问题在于武王克商的年份在中国历史学界有争议,一直没有定论。夏商周断代工程的研究成果把武王克商和商纣王最后在位年份定在公元前1046年。根据夏商周断代工程所确定的今《夏商周年表》也即2001年后出版的《新华字典》所附年表,箕子向周武王陈述《洪范·九畴》的时间就变成了公元前1046年。我在韩国忠北大学图书馆查阅了相关资料。根据韩国出版的各种历史书籍有关箕子朝鲜的年代记载以及中国历史书籍的有关文献记载,可以认为箕子陈述《洪范》的时间应当是公元前1122年,因为箕子以后历代箕子朝鲜王的统治时间是确定的。公元前1082年箕子逝后,太子松即位。以后历代王的即位年份在史学界都是确定无疑的。公元前1122年是箕子陈述《洪范》并到

朝鲜开始统治的年份。如果把武王克商和商朝灭亡的年份定在公元前1046年,就无法解释箕子以后历代朝鲜王的在位时间。公元前1046年是箕子的孙子敬孝王(경효왕)箕询的在位年份。如果把武王克商和商朝灭亡的年份定在公元前1046年,箕子以及子松庄惠王(장혜왕)的统治历史就不复存在。韩国的历史学家普遍认为箕子都平壤的年份是己卯年。如金勉弼著《朝鲜纲鉴》说:"己卯元年都平壤。……是岁周武王发伐殷克之。……箕子乃陈洪范,因避地朝鲜。"①公元前1046年岁在乙未,与岁在己卯之公元前1122年相差76年。这76年在今《夏商周年表》的推断中是怎么出现的?问题可能出在今《夏商周年表》对帝辛及其之前帝王的在位年数的统计存在问题。武王克商究竟是岁在乙未,还是岁在己卯。这个问题也涉及到帝辛的在位年数。《史记·周本纪·第四》:"维天不飨殷,自发未生于今六十年,麋鹿在牧,飞鸿满野。天不享殷,乃今有成。""正义"解"于今六十年"曰:"从帝乙十年至伐纣年也。"帝乙十年至纣亡为60年,则帝乙与帝辛合计在位70年。然而,今《夏商周年表》认定帝乙在位26年、帝辛在位30年,合计56年。按照今《夏商周年表》统计的话,帝乙与帝辛合计在位就少了四年。至于帝乙之前帝王的在位年数今《夏商周年表》的推断中是怎么减少的,需要专门写文章加以说明。这里不再具体论说。

关于《洪范》的宪法精神和原则,除了梁启超所讲的从众的民主治道以外,还需要重视其保民原则与儒家宪政的关系。在中国古代,儒家宪政有着悠久的历史渊源和发展过程。中国第一部成文宪法《洪范》是儒家宪政在宪法文件方面具有标志性意义的里程

---

① 汉城图书株式会社,昭和8年6月发行,第14页。

碑。在箕子陈述《洪范》具体内容之前,中国自尧舜至夏商,一直不断出现一些具有宪法性意义的文件。其中《尧典》《舜典》《大禹》《皋陶谟》等在儒家宪政的发展过程中都是具有宪法性意义的法律文献。正是这些宪法性文件的存在,箕子才得以完整地将《洪范·九畴》向武王陈述出来。在宪法《洪范》的各项原则中,最重要的原则是保民原则。

儒家宪政原则自古以来就强调立政为民。立政为民也是宪法的基本功能。《洪范》作为中国第一部成文宪法,开创了宪法配序言的先例。宪法序言的必要性来自对宪法重大原则的确认以及宪法制定的原委的表述。《洪范》的序言表明了儒家宪政的立政为民的保民原则以及箕子陈述《洪范》的原委。

《洪范》的序言部分首先载明了陈述的时间、地点和人物,"惟十有三祀,王访于箕子。"《洪范》的序言部分描述了箕子陈述《洪范》的原委在于武王的恳求。王乃言曰:"呜呼!箕子。惟天阴骘下民,相协厥居,我不知其彝伦攸叙。"在武王的恳求中表达了儒家宪政的基本原则,这就是"惟天阴骘下民,相协厥居"的保民原则。所谓阴骘下民就是保民。上天在悄无声息中保护民众。保民协居也是武王向箕子恳求治国宪法的主要目的。

保民原则还体现在《洪范》序言的其他部分。《洪范》序言的其他部分载明了该宪法从鲧到禹的产生过程以及该宪法的重要性。箕子乃言曰:"我闻在昔,鲧堙洪水,汩陈其五行。帝乃震怒,不畀'洪范'九畴,彝伦攸斁。鲧则殛死,禹乃嗣兴,天乃锡禹'洪范'九畴,彝伦攸叙。"该宪法的重要性在于,没有《洪范》就会出现彝伦攸斁,有了《洪范》就能做到彝伦攸叙。彝伦就是国家治理的宪政秩序。国家有无宪政秩序取决于有没有按照《洪范》治理国家。不按照《洪范》治理国家,就会出现彝伦攸斁,百姓遭殃。如果按照《洪范》治理国家,就会形成彝伦攸叙,百姓安康。重视彝伦,这也是立政为民的保民原则所要求的内容。

《洪范》序言部分提出的保民协居的宪法原则起源于尧舜时代。早在《尧典》中就有记载。"曰若稽古,帝尧曰放勋,钦、明、文、思、安安,允恭克让,光被四表,格于上下。克明俊德,以亲九族。九族既睦,平章百姓。百姓昭明,协和万邦。黎民于变时雍。"这里的平章百姓,百姓昭明,协和万邦等都是以民为本的保民协居原则的体现。在《舜典》中记载,"契,百姓不亲,五品不逊。汝作司徒,敬敷五教,在宽。"《舜典》提出的亲民宽容的要求也是立政为民的保民协居原则的体现。

《洪范》虽然是箕子在商朝末年陈述的宪法,但是实际上也继承了夏朝宪法的内容。禹王作为开创夏朝的帝王,在夏书之记载的《禹贡》等文献中已经提出具有《洪范》的宪法性规定的一些内容。例如以民为本的保民原则,早在《尚书·大禹谟》中大禹就提出"德惟善政,政在养民"。禹曰:"於!帝念哉!德惟善政,政在养民。"善政养民的原则也是立政为民的保民原则的体现。

以民为本的保民原则要求尊重百姓,爱护百姓,不可以轻民忤民。《尚书》记载,益曰:"吁!戒哉!儆戒无虞,罔失法度。罔游于逸,罔淫于乐。任贤勿贰,去邪勿疑。疑谋勿成,百志惟熙。罔违道以干百姓之誉,罔咈百姓以从己之欲。无怠无荒,四夷来王。"这里不可违道以干百姓之誉,不可咈百姓以从己之欲等规定都是在强调立政为民的保民原则。

立政为民的保民原则还要求统治者能够知人善任,安民惠民。《尚书·皋陶谟》记载,皋陶说:"都!在知人,在安民。"禹曰:"吁!

咸若时,惟帝其难之。知人则哲,能官人。安民则惠,黎民怀之。能哲而惠,何忧乎驩兜?何迁乎有苗?何畏乎巧言令色孔壬?"这里提出的安民惠民的要求也是立政为民的保民原则的体现。

根据《夏书》的记载,禹王曾经制定过五大宪禁。夏王太康违反禹王的宪禁,尸位灭德,导致覆亡。夏王太康失邦,昆弟五人须于洛汭,作《五子之歌》。《五子之歌》实际上是回忆大禹五戒。五子咸怨,述大禹之戒以作歌。大禹五戒的内容就是与保民原则相应的五大宪禁。禹王的五大宪禁的具体内容如下:

一是不可轻民下民。"皇祖有训,民可近,不可下,民惟邦本,本固邦宁。予视天下愚夫愚妇一能胜予,一人三失,怨岂在明,不见是图。予临兆民,懔乎若朽索之驭六马,为人上者,奈何不敬?"轻民下民的后果就是毁坏邦本。

二是不可荒淫奢侈。"训有之,内作色荒,外作禽荒。甘酒嗜音,峻宇雕墙。有一于此,未或不亡。"荒淫奢侈就会导致灭亡。

三是不可失道乱纪。其三曰:"惟彼陶唐,有此冀方。今失厥道,乱其纪纲,乃底灭亡。"失道乱纪也会导致灭亡。

四是不可违典违则。"明明我祖,万邦之君。有典有则,贻厥子孙。关石和钧,王府则有。荒坠厥绪,覆宗绝祀!"宪典宪则不可违反,违典违则的后果是覆宗绝祀。

五是不可不慎德行。"呜呼曷归?予怀之悲。万姓仇予,予将畴依?郁陶乎予心,颜厚有忸怩。弗慎厥德,虽悔可追?"不慎德行到头来无悔可追。

禹王的五大宪禁的基本精神是坚持以民为本的民本主义。这与《洪范》的立政为民的保民原则是一致的。

箕子说《洪范》最早由天帝授予了禹王,这一点可以从上述禹王的五大宪禁得到证实。《洪范》序言提出的保民原则实际上是自禹王以来夏商两朝都强调的禹王的宪法原则。《洪范》序言所载明的保民原则在儒家宪政原则体系中是最为重要的原则。保民原则成为后世儒家宪政的倡导者和实施者都注意坚守不变的基本原则。保民原则所要求的政府相应的宪法责任在当今中国的宪政建设中需要特别加以强调。

(二) 中国古代第一部宪典《周官》

中国古代第一部宪典《周官》展示了一个系统完备的国家典制,规定了国都之神圣,规范了地方制度,以及六官制度的宪政体系等,影响千年。作为这部宪典的创立者,周公制礼作法为周朝八百年基业奠定了基础。周公在古代宪法史上的地位非常重要,周公与箕子堪称儒家宪政在先秦时期两个最重要的里程碑人物。

《周官》这部宪典,可以说是古代世界史上的奇迹。其体例之系统、规范之严谨、政府职能分工之明确,以及政府各部门编制职责之严格等方面甚至令今人叹为观止。从宪法体例上看,《周官》的六官体制开辟了独具中国特色的儒家宪政体制,形成中国历史上长期沿革的三省六部制。其中天官冢宰章规定了政府官制,后代据此设立吏部,掌管政府官员。地官司徒章规定了民生体制,后代据此设立户部,掌管户籍和征税。春官宗伯章规定了祭祀制度,后代据此设立礼部,掌管教育及祭祀。夏官司马章规定了军事制度,后代据此设立兵部,掌管军事事务。秋官司寇章规定了司法制度,后代据此设立刑部,掌管法律和刑罚。冬官考工章规定各种工匠方法,后代据此设立工部,掌管工程事务。

关于《周官》这部宪典的宪法精神,梁启超在《论立法权》(1902年)中说:"周官一书,颇有立法之意,岁正悬法象魏,使民读之,虽非制之自民,犹有与民同之之意焉。"这部宪法虽然不是由民众制定的,但是在梁启超看来,是官民共同遵守的,具有官民在宪法面前人人平等的意义。

关于《周官》这部宪法的内容,梁启超认为缺乏专门的立法机构以及立法与行政不分的弊端是中国古代宪政体制的大问题。梁启超在《论立法权》(1902年)中说:"盖自周公迄今三千余年,惟王荆公创设制置条例三司,是立法于行政,自为一部,实为吾中国立法权现影一瞥之时代。"宋代王安石的宪政改革在儒家宪政史上是划时代的重大事件。王安石的宪政改革重视立法权和立法机构的独立性,对此,梁启超给予了很高评价,称之为"中国立法权现影一瞥之时代。"

但是,从周朝宪法《周官》开始,古人就不知道立法权的重要性吗?从《洪范》到《周官》,都有所谓三公制度。对此,梁启超在《论立法权》(1902年)中指出:"然古者犹有言:坐而论道,谓之三公;作而行之,谓之有司。似也稍知两权之界限者然。汉制有议郎,有博士,专司附议,但其秩抑末,其权抑微矣。""唐代之给事中,常有封还诏书之权,其所以对抗于行政官,使不得专其威柄者,善矣美矣。然所司者,非立法权,仅能救其末流,而不能善其本矣。"梁启超认为从古代的三公制度可以看出,至少古人对于立法权与行政权,"似也稍知两权之界限者然。"

从《洪范》到《周官》,实际上中国古代宪法的精神就是儒家宪政精神。此种儒家宪政精神的基本特点是将人民之公意等同于天意。梁启超在《论立法权》(1902年)中"准是以谈,则儒家认人民之公意,与天意有二位一体之关系。"对于儒家宪法的民意至上的精神,梁启超还例举了后代大量的儒家文献予以说明。

(三) 春秋战国时期的齐国宪法

春秋时期各国都有自己的宪法。有的是以成文宪法形式出现的,有的是以不成文宪法形式出现的。以成文宪法形式出现的宪法中,最有代表性的是管子为齐国制定的宪法。齐国宪法的成文宪法特征非常明显。

梁启超在《论中国成文法编制之沿革得失》(1904年)中论述了齐国宪法的制定和颁布程序。该文的写作初衷原为梁启超想把它作为其所著《中国法理学发达史论》的附录进行撰写的。但是,完稿以后发现文章太长,作为附录不合适,且所论内容超出法理学的范围。于是梁启超将《论中国成文法编制之沿革得失》(1904年)独立成编。在论述战国之前春秋时期的成文法时,梁启超首举齐国的宪法为例。在大段引用《管子》的"首宪"篇内容后,梁启超评论说"宪而有籍,则其为成文法甚明。此殆管子所制定者也。"

由于齐国宪法有明确的条文可述,齐国宪法的发布和传达程序就极为严格。齐国宪法的布宪程序主要可以分为以下五大过程。

一是对宪法颁布的时间、地点和人物等有明确的要求。在时间方面要求正月之朔颁布。在地点方面要求在首都中央会议上颁布。在参加人物方面要求百官出席。在颁布者方面要求国君亲自宣布。在颁布宪法的法律依据方面，要求国君以法令形式颁布。所谓"正月之朔，百吏在朝，君乃出令，布宪于国。"

二是对省部级高官学习宪法即受宪过程中的受宪对象、受宪时间和宪法宣读者等有明确的要求。在受宪对象方面，要求五乡之师和五属大夫都要参加。在受宪时间方面，要求是大朝之日，也就是文武百官上朝开会的日子。在宪法宣读者方面规定由太师负责宣讲。五乡之师和五属大夫皆受宪于太史。五乡之师和五属大夫在当时的齐国都是省部级高级官员。春秋时期的一些国家的行政区划中，乡的行政级别相当于秦汉时期的州郡，或者现在的省。这些高官皆身习宪于君前。

三是对宪籍的管理有明确的要求。在春秋时期，由于没有纸张，只能将宪法的内容记录在竹简上。所谓"太史既布宪，入籍于太府"，就是将记录宪法内容的竹简保存在太府，以备将来对照和查看。对于中央宪籍的管理要求至少要准备两份，一份要入籍于太府，另外一份要给国君。除了这两份宪法竹书外，可能得到宪法竹书的还有五乡之师和五属大夫。所谓"宪籍分于君前"是要求当着国君的面将宪法竹书分给五乡之师和五属大夫。这样的话，中央政府在颁布宪法时至少要准备十几份宪籍或记录宪法内容的竹书。这在当时的历史条件下，对宪籍的准备工作的要求是相当严格的。原因是宪籍不可以有错漏字，否则的话法律后果是严重的。

四是五乡之师和五属大夫往下传达宪法的程序等有明确的要求。五乡之师受宪后必须马上出朝，不得耽误传达宪法的时间。五乡之师出朝后，遂于乡官，致于乡属，及于游宗，皆受宪。从乡师，到乡官，再到乡属，最后及于游宗，这是地方官员的受宪过程。

在地方官员的受宪过程中,乡师的责任最为重大。不把宪法传达到最基层的话,乡师就不能回家休息。传达宪法的工作完成后,还必须派人禀报中央政府,说明宪法传达完毕。所谓宪既布,乃反致令。五属大夫往下传达宪法的过程也有严格要求。五属大夫出朝不敢就舍,遂行。至都之日,遂於庙,致属吏,皆受宪。宪既布,乃发使者致令,以布宪之日,蚤晏之时。宪既布,使者以发,然后敢就舍;宪未布,使者未发,不敢就舍;就舍,谓之留令,罪死不赦。

五是对宪法颁布后的违宪行为严惩不贷。违宪行为通常有"不从令"行为、"专制"行为和"亏令"行为等。"不从令"行为是指"不行宪"的行为,特别是违反宪法规定内容的行为。"专制"行为是指在传达宪法的过程中擅自增添内容的行为。"亏令"行为是指在传达宪法的过程中擅自减少内容的行为。这些违宪行为是通过"考宪"制度的实行发现的。这些违宪行为的法律责任十分严重,都是罪死不赦。所谓宪既布,有不行宪者,谓之不从令,罪死不赦。考宪而有不合于太府之籍者,侈曰专制,不足曰亏令,罪死不赦。

上述齐国宪法的布宪程序包括中央政府布宪、地方政府布宪、行政系统布宪以及考宪和追究违宪责任等各个环节都有严格规定。这在春秋时期各国中是罕见的。这也说明为什么管子治理下的齐国可以强大到居于春秋五霸的地位。严格实施宪法的齐国经验值得现代中国认真和谦虚地学习和借鉴。

梁启超注意到齐国宪法的颁布程序很严格,因此也断定齐国宪法是先秦时期比较具有代表性的成文宪法。梁启超将"齐之宪法"作为先秦成文法的代表作的理由是"宪而有籍,则其为成文法甚明。此殆管子所制定者也。"①梁启超说：夫各国所谓宪法者，虽程度高下各有不同，然其内容大率分三大部，一曰国家组织之方法，二曰国家机关活动之规律，三曰国家分子对于国家之权利义务。三者缺一，不得谓宪法。

（四）关于古代朝鲜宪法的认识

古朝鲜被世人赞誉为"君子之国"、"有类中国，以卿淳儒"。古朝鲜是孔子向往的君子之国。《论语·子罕》中云："子欲居九夷。或曰：陋，如之何？子曰：君子居之，何陋之有？"《汉书》记载："东夷天性柔顺，异于三方之外，孔子悼道不行，欲居九夷。"《后汉书·东夷传》序文记："东方曰夷。夷有九种……故孔子欲居九夷也。"孔子在哀悼儒道不行的时候，想到儒道大行的君子之国朝鲜，愿意乘桴浮海，到"君子居之"的东夷朝鲜居住。这说明朝鲜的宪政儒风文明由来已久。

梁启超关于古代朝鲜的宪法制度没有具体的专门论述。但是梁启超已经认识到从《洪范》《周官》到《唐六典》和《明会典》等古代中国宪法制度对古代朝鲜的影响。梁启超在《论中国成文法编制之沿革得失》指出："盖唐代文化，随其武功以远被于亚洲诸国，而法律即所播文化之一种也。故高丽日本安南诸国，皆以彼时代继受我之法系。"其实，中国古代宪法文化对古代朝鲜的影响远在高丽朝鲜之前。早在箕子朝鲜时期，箕子就根据《洪范》制定了八

---

① 《论中国成文法编制之沿革得失》，载范忠信编：《梁启超法学文集》，中国政法大学出版社2000年，第120页。

禁宪法以及其他宪法制度。

关于箕子朝鲜的宪法制度,要感谢李氏朝鲜时期李栗谷先生的《箕子实记》和其他历史记录。在栗谷看来,古朝鲜之盛名来自箕子的宪法宪政。箕子在朝鲜的统治时期是公元前1122年至前1082年,在位40年,寿93岁。箕子到达朝鲜后按照商朝宪法洪范九畴制定了宪法,禁设八条,文宣礼乐,开辟了古代朝鲜儒家宪政的治理方式。古代韩国大儒李栗谷先生曰:"箕子诞位朝鲜,不鄙其民,养之厚而教之勤,变椎结之俗,成齐鲁之邦,民到于今,受其赐。礼乐之习,济济不替,至于夫子有浮海欲居之志。"

殷纣王荒淫无度,被周武王推翻。箕子由于反对纣王的暴政,被纣王囚禁。周武王克商,命召公释放箕子。箕子向武王陈述商朝宪法《洪范·九畴》后乃避中国,东入朝鲜。武王闻之,因封以朝鲜,都平壤。箕子在朝鲜制定的宪法大纲,创立八禁之法,推行法治和礼教,以农业技术指导人们耕作田地,形成中国儒家之风的朝鲜宪政文化。

关于箕子去朝鲜以后的情况,中国史籍没有准确的记载。至于箕子宪法,中国学术界很少关注。在这一方面,栗谷先生有重要贡献。他在45岁时,曾撰写《箕子实记》记录了箕子到达朝鲜前后的经过、箕子在朝鲜推行的八禁之法以及箕子后代的情况。

关于箕子到达朝鲜的前后经过,特别是箕子一行的人数等问题在中国历史记载中一直是个谜。栗谷的记载解开了这一历史谜团。栗谷说:"箕子商宗室也,或曰名胥馀,学明九畴,身传圣道,以畿内诸侯仕为太师帝九嫡子。……箕子谏纣不听,囚箕子以为奴人。周武王克商,命召公释箕子之囚。……箕子既为武王传道,不肯仕,武王亦不敢强,箕子乃避中国,东入朝鲜。中国人随之者五千,诗书礼乐,医巫阴阳卜筮之流,百工技艺皆从焉。武王闻之,因封以朝鲜,都平壤。初至言语不通,其略译而知之。教其民以礼仪、农桑、织作、经书、井田之制。"关于箕子究竟带了多少人去朝鲜的问题,过去没有准确的说法。栗谷明确地指出是五千人,并且各行各业的人士都有。从箕子所携人员的规模和结构看,在当时足以发展出新的国家。但是,随同箕子去朝鲜的人员的具体姓名、身份等问题,遗憾的是在栗谷的记载中没有说明。根据朝鲜的其他资料记载,随同箕子到达朝鲜的还有康侯、景如松、琴应、南宫修、鲁启等。他们后来各自成为朝鲜的抗氏、经氏、秦氏、南宫、鲁氏的始祖。

关于箕子在朝鲜推行的宪法乃八禁之法,中国法史学界过去也不甚明了。栗谷说:设禁八条,其略:相杀偿以命。相伤以谷偿。相盗者男没为其家奴,女为婢。欲自赎者,人五十万。虽免为民,俗犹羞之,嫁娶无所售。是以其民不盗,无门户之闭,妇人贞信不浮。辟其田野都邑,饮食以笾豆,崇信让,笃儒术,酿成中国之风。可惜栗谷先生采取省略方式介绍八禁宪法,读者难以知道其全部内容。

根据《乐浪朝鲜民犯禁八条》,大概为以下内容:其一,"相杀,以当时偿杀"。其二,"相伤,以谷偿"。其三,"相盗者,男没入为其家奴,女子为婢,欲自赎者,人五十万"。其四,"妇人贞信"。其五,"重山川,山川各有部界,不得妄相干涉"。其六,"邑落有相侵犯者,辄相罚,责生口、牛、马,名之为'责祸'"。其七,"同姓不婚"。其八,"多所忌讳,疾病死亡,辄捐弃旧宅,更造新居"。

箕子为古代朝鲜人民制定的八禁宪法内容是以儒家仁爱思想为基础的。其中有的内容直到今天还在影响韩国的法律原则。比如同姓不婚的原则,今天韩国和朝鲜的民法和婚姻法还在一定程度上予以坚持。因为近亲结婚容易造成孩子弱智等一系列社会问题。

此外,八禁宪法中以山川界限作为行政区划的划界原则一直影响了历代朝鲜的行政区划的调整。今天中国行政区划中不重视自然山川的界限,往往人为的主观因素过多,结果造成地方政府为争夺资源产生纠纷的问题难以在根本上得到解决。

根据栗谷的记载,箕子在朝鲜推行的八禁宪法的效果很好。乃至形成"中国之风"。朝鲜被仁贤所化,为诗书礼乐之邦,朝野无事,人民欢悦。人民以大同江比黄河,作歌以颂其德。这说明宪政和礼教需要并行,硬法和软法不可偏废。八禁宪法和儒教在朝鲜文化的历史发展过程中起到了重要作用。

关于箕子后人的情况,栗谷描述了箕氏世君东土的过程。"自箕子传四十一代,凡九百二十八年而失国。"栗谷对箕子的后代世君的名字只提及最后两代君王箕否和箕准。公元前194年箕子的第四十一代后裔,也是箕氏朝鲜的最后一任国王箕准被燕人卫满驱逐,燕人建立了卫满朝鲜。箕准被逐后,"率领左右宫人入居韩地金马郡,号马韩王。统小国五十余。亦传累世。其后,新罗、高句丽、百济三国渐大,马韩寝衰,百济始祖温祚王二十六年袭马韩,并其国。箕氏主马韩又二百年而亡。传祚前后凡一千一百二十余年。"箕氏马韩最后被百济所灭。从箕子移居朝鲜开始,箕氏朝鲜和箕氏马韩的箕氏统治历史长达1120余年,这在中国历史上也是没有的情况。如此长时期的君主统治的王朝历史可以说是前无古人,后无来者。在后来的朝鲜半岛再也没有出现过。故栗谷说:"我东人受箕子罔极之恩,其于实迹宜家诵而人熟也。"公元前108

年,汉武帝灭卫满朝鲜,在朝鲜半岛设立了乐浪郡、玄菟郡、真番郡、临屯郡。卫满朝鲜王都王险城被降为乐浪郡治朝鲜县。公元前37年,中国辽东的扶馀国王子高朱蒙建立高氏王朝,称高句丽。公元427年,高句丽国向半岛扩充势力,定都平壤。高句丽与半岛的新罗国和百济国并立,形成朝鲜半岛三国鼎立的局面。

值得注意的是,箕子为古代朝鲜人民制定的八禁宪法要比古代日本圣德太子制定的宪法十七条早一千多年。箕子朝鲜的千年盛世源于箕子宪法禁设八条,文宣礼乐。这是李栗谷揭示的历史情况。这也说明栗谷之所以对儒教宪政执着信仰,因为古朝鲜的历史已经证明了儒教宪政的成功经验。

箕子到达朝鲜后制定了八禁宪法,为千年朝鲜的儒家宪政奠定了宪法基础。除了八禁宪法以外,在箕子统治时期以及箕子后代统治的千年箕氏朝鲜时期,还制定了许多宪法性法律,逐步形成一套比较完整的儒家宪政制度。根据我在韩国忠北大学图书馆查阅到的资料,千年箕氏朝鲜的儒家宪政制度大约包括以下内容。

在政治制度方面,主要是建立了一系列涉及君王行为、国家决策行为、政府中央机构行为、廉政监督行为、上访伸冤行为、尊贤任贤行为、地方自治行为等方面的宪政制度。

涉及君王行为的宪政制度有宗庙制。箕子年九十三而卒。对于朝鲜开国君王,其后代君王认为需要建立祭祀箕子的宗庙,以保证后代君王敬畏先王,遵守儒家宪政中被公认为需要坚持的立政为民的祖宗成宪。宗庙制是在箕子的儿子庄惠王箕松(장혜왕,前1122-前1082年)时期建立的。

涉及君王行为的宪政制度还有别宫制。别宫制是解决君王退休后不得继续占有王宫的办公场所和生活场所而需要别处安排的问题。别宫制是在庄惠王箕松时期建立的。庄惠王箕松以衰老传位世子洵,闲居别宫。

涉及君王行为的宪政制度还有三朝制。这是解决现任君王如何尊重前任君王问题的制度。现任君王需要"日必三朝于别宫",每天三次看望先王。这就要求先王别宫不能建得太远,要方便现任君王出宫探望。三朝制是在敬孝王箕洵(前1057年—前1030年)时期建立的。

涉及君王行为的宪政制度还有观稼制。观稼制要求君王亲持羊酒,观稼于四郊,以劝农务。观稼制有利于培养君王体验农民生产生活的艰辛,重视和解决好农民和农业的发展问题。观稼制是在宣惠王箕索(前925年—前896年)时期建立的。

涉及君王行为的宪政制度还有亲耕制。亲耕制是在显文王时期建立的。根据亲耕制,国王要亲耕于郊。亲耕制也是有利于培养君王体验农民生产生活的艰辛,有利于促进各级政府官员重视农业和保护农民。

涉及君王行为的宪政制度还有祈祷制。祈祷制是在盛德王时期建立的。盛德王元年,夏四月旱,王斋沐,亲祷告于百岳山,天大雨。根据祈祷制,以后的君王都要在特定的时间和场合进行祷告,敬畏神明,祈求国家风调雨顺,人民安康。祈祷制有利于培养君王对人民的敬畏心。天神保民,用祈祷制约束君王敬畏神明的目的是要求君王敬畏人民。

涉及尊贤任贤行为的宪政制度有养贤院制度。养贤院制度是在宣惠王箕索(前925年—前896年)时期建立的。国家立法设置养贤院,选民聪俊者授以六艺。

涉及尊贤任贤行为的宪政制度还有征士制。中央政府专门向全国征聘博学的儒家贤士,以便君王在处理国家事务时谘访得失。征士制是在文烈王时期建立的。箕氏朝鲜通过征士制征聘的第一个处士是甘加察。史书记载"征处士甘加察,宾礼待之,谘访得失。"

涉及尊贤任贤行为的宪政制度还有博士馆制。博士馆制是在孝宗王时期建立的。根据博士馆制,特选公卿中才德兼备者处馆中,共议郡国大事。这是在政府高官中选择有才学的贤士担任最高级别的共议郡国大事的重任。博士馆制可以避免君王在决策中个人独裁专制。

涉及尊贤任贤行为的宪政制度还有尊贤馆制。尊贤馆制是在寿圣王时期建立的。根据尊贤馆制,国家要选择才德兼备者担任国师。第一个担任太师的人是熊国珍。熊国珍是湖南楚国时期移民朝鲜的人物。熊国珍以后湖南移民朝鲜的与熊氏家族的姓氏相关的还有罗、傅、赖等家族成员。

涉及尊贤任贤行为的宪政制度还有进言馆制和举贤良制。进言馆制是在靖国王时期建立的。举贤良制是在显文王时期建立的,国家下令命州郡举贤良。

涉及上访伸冤行为的宪政制度有直言伸冤制度。直言伸冤制度是在宣惠王箕索(前925年—前896年)时期建立的。根据直言伸冤制度,政府要悬直言磬于国门,使民有冤者敲之。听视以决。对于揭发和批评政府领导过错的言论,政府要虚心听取。"其有言上过失者,从之如流。中外大悦。"

涉及廉政监督行为的宪政制度有巡视制。巡视制是在乐成王时期建立的。根据巡视制,中央政府派巡视官巡视郡县,察官吏之臧否,问民之艰苦。

涉及廉政监督行为的宪政制度还有专门惩罚贪官的犯赃律制度。在孝宗王时期,专门立犯赃律。凡为官者,犯公货百万者,夺民货五十万者,戮其身,全家徙边。

涉及廉政监督行为的宪政制度还有监察官制。监察官制是在赫圣王时期建立的。根据监察官制,中央派遣监察官于州郡,察吏民善恶,加以赏罚。

涉及中央政府机构行为的宪政制度有阿衡府制。阿衡府制是箕氏朝鲜最早的宰相制度。阿衡府制是在德昌王时期建立的。当时摄政太伯推行专制独裁,违背儒家宪政制度的一些重大原则和规定。于是诛摄政太伯,初置阿衡府,以南宫齐成为太阿衡。为政公平。阿衡府制在儒家宪政制度中非常重要,是制约君王权力防止独裁专制的重要制度。箕氏朝鲜的阿衡府制来源于中国夏朝的阿衡府制。

涉及地方自治行为的宪政制度有乡宪长制。乡宪长制是在逸圣王时期建立的。根据乡宪长制,置乡宪长于州郡。劝民以孝悌之道。

涉及地方自治行为的宪政制度还有州郡制。州郡制在武康王时期得到进一步完善。根据地方制度,在马韩等地设立54州,以博士乐垄治辰韩,以左大夫秦玩治卞韩。

涉及外交关系的外交制度有遣使制。古代箕子朝鲜最早的遣使制是在孝宗王时期建立的。根据遣使制,遣上大夫鲜于益使齐。齐桓公用管仲霸诸侯。王闻之,遣使修好以来。齐遣使公孙恪来聘。鲜于益是箕子朝鲜与春秋时期齐国往来的第一个使节。公孙恪是齐国派到箕子朝鲜的第一个使节。

在文官制度方面,在恭真王箕伯(前1030年—前1000年)时期建立了官品制和公服制。根据官品制,分百官为十五品。这比古代日本圣德太子时期制定的官位十二阶法要早得多。根据公服制,各级公务员的冠带衣裳都有规制。定冠带衣裳制度,有利于老百姓一眼就能认出身穿公服的公务员,对公务员的行为方式等都有约束性的要求。

在礼教制度方面,在箕子制定八禁宪法后就选择士师王受兢实施八禁宪法。用王受兢施禁八条的做法,也反映出箕子重视民主选举的制度。王受兢不是跟随箕子去朝鲜的五千人中的人员。王受兢是夏王孔甲的弟弟王祖明东渡朝鲜后的后裔。王受兢是夏后十三世孙。夏王孔甲的弟弟祖明与刘累共学扰龙,后避于东海,为泊民长。王祖明子王仙牛王蒙也是车达氏和柳氏的祖先。王祖明的孙子是王北斗,王北斗子为王海月,王海月子为王磨玉,王磨玉子为王东洛。王氏家族是箕子到达朝鲜之前的朝鲜的豪族。箕子为了推行八禁宪法的实施,下令全国推荐士师。经过公推的各级程序,最后因为王受兢有德行,国人荐之为士师。专门教子弟,化民成俗。

在礼教制度方面,箕子到达朝鲜后发现当地居民民风强悍,为了改变民风,下令全国种植柳树。根据植柳制,各地都要按照规定种植柳树。所以后来箕子朝鲜的首都平壤也称为柳京。所谓"见民俗强悍,以柳性柔,令民悉种之。尚柔风,号柳京。"

在礼教制度方面,箕子朝鲜还建立了五教制。根据五教制,经过各地选举,举士民中有德望者,为五教长。教民君臣父子兄弟夫妇朋友之道。

在礼教制度方面,在盛德王时期专门立法禁淫祀。所谓沿海蚩俗,或祭潮及鳄,王禁之。该项制度在当时是有争议的。禁止蚩尤风俗和禁止民间祭潮及祭鳄活动,显然不利于宗教自由活动。禁淫祀制度被古朝鲜视为必要,但是能否作为儒家宪政制度来看待,我个人是存疑的。这里提出来供大家评断和参考。

在礼教制度方面在乐成王时期建立了乐章制。定太庙乐章。王亲制道东歌十五章,登诸雅乐。

在礼教制度方面在明王时期还建立了五教院制度。明王下令禁卞韩人纹身。因为卞韩人是从湖南移民到南朝鲜①的。当年湖南的五溪蛮以及湘西等地靠水生活的居民喜好断发纹身,在水下捕鱼时有安全之效。现在湖南的怀化、娄底和湘西等地还能发现少数居民喜好纹身的风俗习惯。禁纹身的制度在现在看来也是有问题的。但是纯化民俗的五教院制度还是有正面作用的。

在经济制度方面,箕子到达朝鲜后立即推行井田制。箕子画井田以示田桑产业之方。考古发现,现在的平壤尚有井田遗划。

在经济制度方面,在兴平王箕捉(前957年—前943)时期建立了铸钱制,铸字母钱。

在经济制度方面,由于古代朝鲜是生产马匹的国家,因而专门建立了负责马业管理的牧师制。牧师制是在哲威王箕调

---

① 现称韩国。

(前943—前925年)时期建立的。根据牧师制,第一个当牧师的官员是英庆父。

在社会保障制度方面,箕子朝鲜的宪政制度达到当时世界范围的最高水平。有的制度甚至值得今天的中国政府学习。

在社会保障制度方面有轮环法制度。轮环法制度是在文惠王时期建立的。国家专门立立轮环法。根据轮环法,济穷民,春补不足,秋助不给。

在社会保障制度方面有饗老制。饗老制是在武成王时期建立的。根据饗老制,国家专门长时期设宴招待老年人。所谓大会年七十者,十旬宴饮。

在社会保障制度方面有济饥制。济饥制是在贞敬王时期建立的。根据济饥制,在自然灾害饥荒出现时,政府负责组织安排济饥。贞敬王十三年大饥,政府专门安排千余人渡海购米于齐鲁,然后发放给饥民。

在社会保障制度方面有减禄制。在发生严重的自然灾害饥荒时,政府公务员必须减禄。所谓以岁饥故,减百官禄十分之五。此项制度最能体现立政为民、民贵官轻的儒家宪政原则。

在社会保障制度方面还有济养院制。济养院制是在孝宗王时期建立的。根据济养院制,政府需要建院五百间,收鳏寡孤独,给以衣食,使终其年。

在军事制度方面有侍卫军制。在文武王箕椿(前1000年—前972年)时期开始建立侍卫军制。根据侍卫军制,侍卫军分六部五十九队共7375人。侍卫军旌旗尚青。

在军事制度方面还有海军制。海军制是武成王时期建立的。根据海军制,初置水军,缮造舟楫。

在科技制度方面,文武王箕椿(前1000年—前972年)时期建立了浑天仪制和度量衡制。

总之,古代箕氏朝鲜在箕子八禁宪法之外,还通过立法等方式制定了大量的宪法性制度。这些宪法制度反映出儒家宪政的立政为民的原则和精神,是对从中国第一部成文宪法洪范九畴到箕子八禁宪法的基本原则的实施。这些宪政制度涉及政治、社会、经济、文化、教育、军事、外交等领域的基本方面。这些制度自成体系,维持了古代箕氏朝鲜的千年盛世,形成了古代最为典型的儒家宪政。孔子把箕子朝鲜视为理想国的重要原因就在于古代朝鲜实现了孔子主张的儒家宪政。儒家宪政的核心就是立政为民的治理秩序。

箕子朝鲜的宪法和宪政对于今天的韩国人、朝鲜人和中国人来说,都已经非常陌生了。李氏朝鲜时期李栗谷对于朝鲜人忘记箕子的历史贡献的状况感到担忧。他希望朝鲜人对于箕子的贡献要能够做到"家诵而人熟"。他的担忧不是没有道理的。今天无论是朝鲜,还是韩国,都已经忘记了箕子的贡献。甚至还有人否定箕子朝鲜的存在。这种忘记历史的可悲状况在中国同样严重。研究古朝鲜的箕子宪法和宪政,可能最值得深思的问题就是如何处理好宪政法治与儒教文化的关系。这对于当下的中国来说,依然是一个没有解决好的问题。

（五）古代日本圣德太子宪法与儒家思想

梁启超在日本留学期间对于古代日本的圣德太子宪法有所了解。这里需要对古代日本的圣德太子宪法与儒家宪政的关系进行讨论。

圣德太子于推古十一年即公元603年颁布《冠位十二阶》。推古十二年即公元604年，"始用历日"无疑是奉中国正朔之标志。同年，圣德太子肇作《宪法十七条》。圣德太子606年释讲《胜鬘经》和《法华经》，整顿法制、演讲佛经均需大量参考书籍，此时感叹"国家书籍未多"而派遣小野妹子赴隋求书。小野妹子赴中国衡山求得《法华经》在608年9月—609年9月间。圣德太子注《法华义疏》是615年。遣隋使回国后，圣德太子利用携归的书籍，先后撰写了《胜鬘经义疏》1卷（611年）、《维摩经义疏》3卷（613年）、《法华义疏》4卷（615年）。《善邻国宝记》卷上、推古天皇纪中所引《经籍后传记》记载："以小治田朝十二年岁次甲子正月朔，始用历日。是时国家书籍未多，爰遣小野朝臣因高于隋国，买求书籍，兼聘隋天子。"《日本书纪》推古天皇十六年（隋大业四年，608年）九月条载："唐客裴世清罢归。则复以小野妹子臣为大使，吉士雄成为小使，（鞍作）福利为通事，副于唐客而遣之。"圣德太子宪法思想深受中国古代儒家乃至佛教思想的影响。圣德太子以儒家思想为主兼揉佛家思想肇作日本最早的宪法，即《宪法十七条》。圣德太子宪法与中国古代的儒家宪政有着密不可分的关系。圣德太子宪法的内容与北史后周书中苏绰传提及的六条诏书以及北齐的五条诏书等相类似。

圣德太子宪法第一条规定,以和为贵,无忤为宗。人皆有党,亦少达者。是以或不顺君父,乍违于邻里。然上和下睦,谐于论事,则事理自通,何事不成。该条规定的和文化内容源于儒家和佛家的思想。如礼记儒行篇"礼之以和为贵"、论语学而篇"礼之贵,和为用"等。其中也有佛教的和合思想的影响。圣德太子宪法第一条规定的内容中反对党祸的思想也受到儒家反对朋党的思想的影响。左传僖公九年"亡人无党,有党必有仇。"论语雍也篇"与尔邻里乡党乎"。

圣德太子宪法受佛教思想影响的突出体现是其中第二条和第十条规定的内容。第二条规定要笃敬三宝。三宝者,佛、法、僧也。则四生之终归,万国之极宗。何世何人,非贵是法。人鲜尤恶,能教从之。其不归三宝,则何以直枉。第十条规定,绝忿弃瞋,不怒人违。人皆有心,心各有执。彼是则我非,我是则彼非。我必非圣,彼必非愚,共是凡夫耳。是非之理,讵能可定。相共贤愚,如镮无端。是以,彼人虽瞋,还恐我失,我独虽得,从众同举。

圣德太子宪法中儒家思想的影响还有第四条"群卿百僚,以礼为本。其治民之本,要在于礼。上不礼而下非齐,下无礼以必有罪。是以,君臣有礼,位次不乱。百姓有礼,则国家自治。"第六条"劝善惩恶,古之良典。是以,无匿人善,见恶必匡。其谄诈者,则为覆国家之利器,为绝人民之锋剑。亦佞媚者,对上则好说下过,逢下则诽谤上失。其如此人,皆无忠贞于君,无仁慈于民,是大乱之本也。"第七条"人各有任,掌宜不滥。其贤哲任官,颂音则起;奸者在官,祸乱则繁。世少生知,克念作圣。事无大小,得人必治;时无急缓,遇贤自宽。因此国家永久,社稷勿危。故古圣王,为官以求人,为人不求官。"第九条规定"信是义本,每事有信。其善恶成败,要在于信。群臣共信,何事不成?群臣无信,万事悉败。"第十二条"国司、国造,勿敛百姓。国靡二君,民无两主。率土兆民,以王为主。所任官司,皆是王臣。何敢与公赋敛百姓。"第十六条"使民以时,古之良典。故,冬月有间,可以使民。从春至秋,农桑之节,不可使民。其不农何食,不桑何服。"第十七条"大事不可独断,必与众宜论。小事是轻,不可必众。唯逮论大事,若疑有失。故与众相辨,则辞得理矣。"这些条文的内容都在不同程度上体现了儒家思想的影响。

二、良心人格与立宪制度

人应该享有人的权利,这似乎是近代以来人们普遍可以不假思索便能认定的命题。至于人权作为"应有权利"的特定含义何在以及人为什么"应该"享有人权,对于这些问题则很少有人去深入思考。离开对作为自我意识的主体的人的考察,离开对人性人格的存在和实体的探讨,人权的基础和来源便得不到根本的正确的说明。梁启超人权宪政思想的深刻之处首先表现在他不仅看到了人权的应有性,从应有权利的角度论证了人权是正当的不可缺少的,而且还努力探索人权的根基,深入意识主体中去发觉人权的来源。

人应该享有人的权利,这一思想虽然在天赋人权观念广泛深入人心的近现代西方早已不足为奇,但它对于梁启超时代的中国人来说依旧是那么陌生那么遥远。当梁启超高呼"人人生而有应得之权利"①而痛斥中国人无"权利思想"、暴露国民劣根性奴隶性的时候,不能不说他的呼喊是震撼人心的。梁启超所倡导的应有之权是从应然的角度对人权概念的概括。他提出的人权概念虽然还较简单,但却揭示出人权的应然性或应有性,触及到人权的基本性质。人权首先是应有权利,是主体对自我意识的觉悟的表现。人类只有坚持不懈地将人权作为应有权到来追求,才有可能逐渐使这种应有权利外在化为法定权利并进而实在化为实有权利。

人为什么应该享有人权以及人权为什么首先是应有权利,这是两个既有联系又不同的问题。梁启超对这两个问题的探讨和解答都具有重要的学术价值和实践意义。

人应该享有人权,这一命题可以从不同层次的抽象来理解。从人与动物的区别这一角度来理解人权的应然性,这是最原初的也是不可缺少的尝试。人与动物的区别是多方面的,但最基本的区别在于人性善的良心说,认为人之所以可尊可敬首先在于人的仁性良心。最早提出良心概念的是孟子。孟子说:"其所以放其良心者。亦犹斧斤之于木也。"②孟子所言良心就是人生来具备的固有的善良之心即仁性仁心。梁启超将这种良心仁性说同王阳明的致良知相结合,认为这种人性是"不虑而知,不学而能"的、先天固有"不假外求"的。这种人性是一切人都具备的"最初之一念"。他说:"夫人心之灵,莫不有知,固也。……我辈生于学绝道丧之今日,为结习熏染,可谓至极,然苟肯返诸最初之一念,真是真非,卒

---

① 《新民说》,《饮冰室合集·专集之四》。
② 《告子篇上》。

亦未尝不有一隙之明,即此所谓良知也"。① 这里,梁启超的思路与孔子责习不责性的思路是完全一致的。所不同的是梁启超的良心说已经将孔子的性善观、孟子的良心观、王阳明的致良知论同近代西方的理性良心说结合在一起了。他称赞康德哲学"以良知说本性"抓住了权利理论的基础。康德哲学所追求的"真我"也就是梁启超倡导的"良心"。它是所固有的不受外界力量支配的自由意志,是人之所以为人的关键所在。梁启超说"人而不服从良心","此正我丧我之自由也"。② 显然,在良心问题上梁启超思想与康德哲学的一致之处在于认为良心不是取得的,而是人本来就具有的。良心正是人同动物相互区别的一个重要标志。人之所以可尊可贵,人之所以应该享有良心自由权,就在于人在本质上能够按照良心所指示的方向前进。良心不是对每个具体的存在者的善意和关心,而是对具有普遍性的人本身即梁启超所抽象出来的"我"的善意和关心。孟子讲人有四端,其中每一端都是面向所有人的,都具有对象的普遍性。梁启超继承了儒学这一优秀传统,并同西方自由意志论相结合,将儒学的良心说或性善论转化成符合现代精神的思想。在良心要求区别善恶这一认识上,梁启超的思想也是同当代存在主义良心论相一致的。存在主义哲学家雅斯贝尔斯认为良心的特性之一在于区别善意。并且为此他还设定了良心的标准。③ 梁启超则强调良心本身就是衡量是非善恶的标准。他说"良知只是个是非之心,是非只是个好恶"。④ 非但如此,梁启超还同雅

---

① 《德育鉴·知本》,《饮冰室合集·专集之二十六》。
② 《近世第一大哲康德之学说》,《饮冰室合集·文集十三》。
③ 雅斯贝尔斯:《哲学》第2卷,《实存的阐明》。
④ 《德育鉴·知本》。

斯贝尔斯一样,将良心视为人类意识和知识的根本源泉。雅斯贝尔斯将良心当作来自绝对意识根源的运动来把握;梁启超则强调"良知之外,别无知矣",并断定致良知论是"今日学界独一无二之良药"。① 可以说梁启超的思想同近现代人权的基础理论基础之一——良心论是完全相符合的。

梁启超还继承了儒家关于欲性的说法,认为"夫利己者,人之性也"。(《论立法权》)。人的利己之性最终要受人的良心良知的引导,以达到既利己又利人"故多数人共谋其私,而大公出"的理想境界。

人应该享有人权,还在于人具有人格。人是具有自己思想的人,是自我意识的主体。儒家是世界上最早提出人格概念的学派。梁启超则继承了儒家的人格观,强调人格是人的基本标识,人格是人权的重要基础。他在《人权与女权》、《论立法权》、《新民说》等著述中都提出了人格权的思想。他说"有人之资格谓之人格,凡人必有意志然后有行为,无意志而有行为者,必疯疾之人也,否则其梦呓时也"。② 强调人格的意志性、主体性和所有性,这正是梁启超人格观的现代意义之所在。人格是自由意志的主体,是能够意识到自己的主体性的主体。动物与外界之间不存在主体与客体的关系。动物本身就是自然界的一部分。人则不同,人同万物相区别。人则不仅相对于社会和自然来说是主体,而且人是自己思想的主体。人不仅意识到自己,还进一步将自己对象化而反思,即自我反思。在这种意义上讲,自我意识正是人格和人权的基础。梁启超

---

① 《德育鉴·知本》。
② 《论立法权》。

在这方面提出的"权生于智"的思想正同现代人格权理论相一致。梁启超说"权者生于智者也,有一分之智,即有一分之权,有六七分之智,即有六七分之权,有十分之智,即有十分之权。……故权之与智相倚者也"。① 智在人是不会完全泯灭的。人的良心良知是智的本源。人只要返诸于内,"返诸最初之一念","向内用力",人就可以求得"良知"。② 梁启超主张向内用力,就是要人认识到自己的良心良知,认识到人的类存在,唤醒人的自我意识。在这一点上,梁启超的人格观同康德的人格观是相同的。康德的人格定义是"在不同的时间意识到自己的数的同一性的存在者,在此范围内才是人格"。③ 这里,人不但能意识到自己的存在,还能意识到他人的存在,意识到人本身的存在,或者换言之,意识到存在者的存在。这种自我意识越多,人格就越强,人权也就随之越丰富。梁启超强调人是具有自由意志的,人不仅意识到自己的行为,而且能够控制自己的行为。意志性和主体性是梁启超的人格概念中揭示的人格基本属性。

同时,梁启超强调人格为一切人所有即为人所有,正展示了人格的所有性。人格是所有权的主体,而生命是人格所应该所有的最初物件。梁启超将生命与自由视为人的两大基本要素,"二者缺一,时乃非人"。④ 他在还《新民说·论权利思想》中将作为自由权利的精神视作"形而上"的存在,将肉体生命视为"形而下"的存在;认为存在的这两种形式不可分离,相互依存,但"形而上"高于

---

① 《论湖南应办事》。
② 《德育鉴·知本》。
③ 《纯粹理性批判》,A361;《人学》,第1节。
④ 《十种德性相反相成义》。

"形而下"。在《新民说·论自由》中,他还反复强调"自由者,天下之公理,人生之要具,无往而不适用者也"。这充分显示出梁启超对自由人权的热忱追求和无限向往。

人之所以享有人权,还因为人是塑造和改造客体的主体。从人的主体性来把握人在社会和自然界中的地位,这也是梁启超思想的一个重要特征。他在介绍日本学者小野家的《国家原论》一书时说:"盖言宇宙一切事物,其真有真无,不可知,不过我见之为有故耳。若无我,则一切现象或竟不可得见,是与我相缘也。相缘故不能为绝对的存在,而只能为相对的存在也"。① 这里,他虽然将主观感觉拔得过高,但他对人的主体地位的注重和对客体的相对性的强调却是有积极意义的。这里,他所讲的"我"不能理解某个具体的存在者。这里的"我"具有康德所言"自己的数的同一性的存在者"的性质。"我"是主体的抽象化的表现。"我"是存在者本身,即人本身。正如马克思在《1844年经济学哲学手稿》中所强调的那样,类存在的人不像其它动物那样埋没在由自然界所确定的种属的秩序之中,因而人再生产整个自然界。正是从人的主体性出发,梁启超说:"境者,心造也。一切物境皆虚幻,唯心所造之境为真实","然则天下岂有物境哉,但有心境而已。"② 人关于客观外在的观念都由人的意识所造,人在塑种种观念和物象时,也同时在塑造客观世界。孟子的"万物皆备于我"的高度主体意识在梁启超这里得到了充分的发挥。人把客观外在对象化以后来把握它,这

---

① 日本小野家博士著:《国家原论》注一,冰译,《新民丛报》第74期,1906年2月。
② 《自由书·惟心》。

正是人认识和改造客观世界的必由途径。这也是人高于客观存在高于万物的根本所在。人之可贵是万物所不能比拟的。

与人格的概念相联系,梁启超还论及了儒家传统所重视的国格。梁启超说"国家者人格也"(《论立法权》)。这是将人权的概念向多样化发展。这使我不由地想到哲学家舍勒尔对人格概念的看法。舍勒尔不仅认为有个别人格,他还提出总体人格,社会人格和内在人格等概念。① 从意志的角度来看,凡是能根据一定意志而像人一样行动的团体,其中都有人权存在。这就是为什么法律上要设置"法人"的原由。梁启超在国格以外所论及的"一个人之资格"、"一家人之资格"、"一乡一族人之资格"、"天下人之资格"和"一国国民之资格"等②这一系列概念是沿着舍勒尔的同样思路前进的。这都属于现代人权论和人格论的范畴。正如后文所揭示的那样,现代人权理论不仅讲个体人权而且讲集体人权的倾向正同梁启超人权法思想的基本倾向——团体主义和国家主义倾向有其共通处,当然也有本质的区别。人格由个体范畴向群体范畴的延伸,必然决定人权要由个体人权进一步形成群体人权。人权正是与人格不可分离的。人权应该与人格同在。人格发展到哪里,人权也必然跟随到哪里。从法律的角度看,有几分人格,必然应有几分人权。然而法律上的人格同哲学上的人格又不完全一样。在法律面前任何人从出生就应享有人格权。然而人格权又有诸多的表现形式。群体人格权与个体人格权的表现形式会有很大的差别;成年人与未成年人的人格权的表现形式也有不同。关于这些问

---

① 见舍勒尔:《伦理学的形式主义和特质价值伦理学》,德文版,第564页。
② 《新民说》。

题,梁启超没有进行探讨。但他提出的人格多样化思想却为后人开拓了新的研究范围。

人应该享有人权,但这种权利还属于应然的范畴。相对于法定权利来说,它还是一种应有权利。人权要具有现实性,还需要转化为法定权利。以宪法和法律来表达和体现人权,这是梁启超所指出的作为应有权利的人权的发展方向。梁启超说"夫立法则政治之本原也,故国民之能得幸福与否,得之者为多数人与否,皆不可不于立法决定之。"[①]以立法规定人民的权利,就必须制定"文明之法","如人民参政权、服官权、言论结集出版迁移信教各种之自由权等,亦何尝非由立法自顾其利益而来"。[②] 体现人权的这些具体内容的文明之法只能依靠"立法权属于民"来加以保障。言论集会信教等自由权和参政权这些人权的范畴不能停留在应有权利阶段,还需要转化为法定权利,由立法来加以规定。如何确保人权能正确、公正地转化为法定权利,这是梁启超写作《论立法权》一文的宗旨。他推崇边沁的国民最大多数之最大幸福原则,他宣扬孟德斯鸠三权分立理论;他考察古代雅典和罗马的议会制度;他深入探讨立法权的归属;所有这些最终都是为了使人权自由在立法上能切实得到正确的规定和保障。

梁启超并不满足于看到人权转化为法定权利,他还要进一步关注作为法定权利的人权在实际生活是否得到实现,人权从法定权利再进一步转化为实有权利,才能真正具有现实性。"法也者,

---

① 《论立法权》。
② 《论立法权》。

非将以为装饰品,而实践之之为贵"。① 法律规定了人权,还必须得到认真实施。法律若得不到认真实施,人权只不过是一纸空文。梁启超对袁世凯炮制的《袁记约法》的虚伪性进行了揭露和批判:"今约法能实践耶否耶?他勿细论,若第二章人民权利之诸条……自该法公布以来,何尝有一焉曾经实行者?即将来何尝有一焉有意实行者?"②历来玩弄民意的专制主义者们总是这样,他们迫于世界民主与法治的进步潮流的压力和国内人民对人权自由的强烈要求而不得不在法律上写上这样的自由那样的权利,可实际上人人都清楚他们从未有意去实行。非但如此,如果人民真的依法偶尔实行一下自己应有的权利,则会被视为大敌,受到惨无人道的迫害和被扣上种种莫须有的罪名。人民对袁世凯之流的专制主义者的本质早已看得入骨三分,对统治者们的法律缺少起码的兴趣和信心。难怪梁启超无比失望和愤恨地叹息:"夫约法之效力而仅于数行墨点,其导人民以玩法之心理则既甚矣"。③ 有人总是责怪中国人民缺少法律意识,然而正如梁启超所看到的,中国人民又何尝不想行使法律权利,问题的关键是专制统治者们设法网以陷民,立法律以伪饰,人民左右受制。将法定权利转化为实有权利,又谈何容易呢。但是,梁启超并未因此而放弃对人权的法定化和实有化的追求。无论是清末的"预备立宪",还是民国的约法立法,抑或是袁世凯的《袁记约法》,对一切重大的宪政立法活动,梁启超始终都给予了极大的关注,不论是赞同还是反对,都是一样强烈。为了促进

---

① 《宪法起草问题答客问》。
② 同上。
③ 同上。

人权的法定化和实有化，梁启超一生斗争不息。与专制者斗，与维新者斗，与革命者斗，与自己斗，自始至终为争取人权实现宪政追求不已。

三、提倡民权与抵抗暴政

人权问题的产生是有其特定缘由的。只有当人类进入文明社会的共同体以后才会产生人权问题。确切地说，人权具有对应性。它是对于共同体中出现的具有异化可能性的公共权力而言的。进一步说，人权问题只有在人类社会形成法律关系以后才会出现。当个人在组成共同体以后面对受法律关系保护的强大的公共权力的可能威胁或压迫时，人权问题便出现了。人权在本质上同公共权力相对应。在人权的对应性问题上，梁启超在一百年前的论述对于今人探讨人权问题仍有一定的启迪意义。

就人权的对应性而言，人权在本质上是同一定形式的契约论分不开的。梁启超对人权对应性的看法正同他的契约论思想相联系。他是这样解释自由权的基础的："凡两人数人或欲共为一事，而彼此皆有平等之自由权，则非共立一约不能也。审如是，则一国中人人相交之际，无论欲为何事，皆当由契约之手段亦明矣。人人交际既不可不由契约，则邦国之设立，其必由契约，又岂待知者而决乎？"[①]中国古代儒家最早提出"群分说"的契约论观点。儒家认为由于个人力量有限，为满足彼此需要人类才组成社会进入共同

---

① 《卢梭学案》。

体,形成社稷国家。公共权力是人民授予统治者的:"使之主事,而事治,百姓安之,是民受之也"。① 统治者行使公共权力顺从民意民心,推行仁政。否则人民有权起而反抗,更换政府。儒家的群分说是以治者与被治者两大社会组成结构为基础的。群中有分,分以合群,民贵君轻,通功易事,这是儒家契约论的基本内容。梁启超继承了儒家的这种契约论的基本观点,并同西方契约论相结合以此论证了国家的起源和概念。梁启超认为人由于能群,为通功易事分业相助组成国家。"国家之立,由于不得已也。即人人自知仅恃一身之不可,而别求彼我相团结、相补助、相捍救、相利益之道也。"②国家形成后便产生"国权"、"君权"、"朝廷之权"等一系列公共权力。梁启超论述人权问题主要是同这些公共权力相对应而言的。人权与公共权力的对应最终又是以契约论观点为基础的。从契约论出发,人权在共同体中应该得到公共权力的保护,而不应受到公共权力的压迫。否则公共权力就是异化的,不符合其本来的概念。

首先,梁启超倡导的"人人有自主之权"的人权概念具有对应性。所谓"自主"正是相对于公共权力而言的。他说"西方之言曰:人人有自主之权。何谓自主之权? 各尽其所当为之事,各得其所应有之利,公莫大焉,如此则天下平矣。"③这种自主之权是人人应该享有的。自主性正是人权的基本属性之一。人权是人人自主之权,而不是他主之权。对个人来说,公共权力则属于他主之权。自

---

① 孟子《万章·上》。
② 《新民说·论国家思想》。
③ 《论中国积弱由于防弊》。

主之权是与他主之权相对应的。比如君权就是一种人民委托君王治事的他主之权。"君之与民,同为一群之中之一人,因此知夫一群之中所以然之理,所常行之事,使其群合而不离,萃而不涣。夫是之谓群术。"①人民授予君王以权力是为了使群合不离,保证共同体正常运转。至于各级官吏,也都是"同办民事者也"。② 他们的权力也都是由于社会分工需要形成。他们的权力相对于君王来说也具有自主性。西方人讲人人有自主之权主要是就个人的人权而言的。梁启超运用这一观念时则更多地注重人权的对应性或相对性,以批判"收人人自主之权而归诸一人"的封建君主专制制度。

其次,梁启超提出的民权概念也具有对立性或相对性。民权是相对于君权和国权而言的。民权作为人权的主要内容最能反映出人权的对应性。梁启超倡人权是从倡民权开始的。他指出"君权日益尊,民权日益衰,为中国致弱之根源。"③

为救国起见,他高喊"中国民权之说即当大行。"④他所论述的民权的对应性主要表现在两方面。一方面,民权是与国权相对应的。他认为国权是以人权为基础的。当"国人各行其固有之权"⑤的时候,国家就会成为繁荣强盛的"全权之国"。所谓"固有之权"就是人权意义上的民权。"民权兴则国权立,民权灭则国权亡。"⑥民权即是国权之本,"言爱国必自兴民权始"。⑦ 他在《宪法之三大

---

① 《说群序》。
② 《湖南时务学堂课艺批》。
③ 《西学书目表后序》。
④ 《与严幼陵先生书》。
⑤ 《论中国积弱由于防弊》。
⑥ 《爱国论》。
⑦ 同上。

精神》一文中讲的第一精神就是"国权与民权调和"。另一方,民权又是与君权相对的。从儒家传统思想同西方君主立宪思想相结合出发,梁启超断定君权和民权都不可不要。他既反对以君权抑民权,也反对以民权废君权。他的基本主张是"君权与民权合,则情易通"。[1]

与民权相联系,除国权和君权,梁启超还提出了"绅权"、"乡权"等概念。他说"欲兴民权就宜先兴绅权"。[2] 他所谓绅权,主要是指城乡中有一定资产和学识的知识分子群体的权利。兴绅权就是要以学会形式将有产知识群体联合起来,发挥他们在政治方面的作用。他所谓乡权,是指地方自治权。他说"今欲更新百度,必自通上下之情邕。欲通上下之情,则必当复古意,采西法,重乡法。"[3]所谓乡权涉及的是"地方公事";其组织形式是"地方议会"。

梁启超虽然提出了"国权"、"君权"、"绅权"、"乡权"等概念来说明民权问题,但他对这些概念的内涵和外延都没有作严格的界定。显然,国权与君权是与民权对立的;而绅权和乡权在某种意义上讲就是民权的组成部分。在这些概念中,"国权"是最为特殊的公共权力。国权的概念最能集中反映公共权力的性质。对于阐明人权在宪法中的地位有一定的启发意义。

再次,梁启超关于人权对应性的观点还表现在人权的获取方面。人权的来源或依据从静态的角度来看,可以归结为由良心人格决定的应有权利。但从动态的角度来看,人权要成为法律上的

---

[1] 《古议院者》。
[2] 《论湖南应办之事》。
[3] 同上。

和实际生活中的权利还需要有一个漫长的斗争过程。人权的享有来源于斗争。无斗争则无权利,这是梁启超在人权来源问题上表现出来的具有历史主义性质的斗争观。他说:"权利何自生?曰生于强。"①"权利何起?起于胜而被择。胜何自起、起于竞而获优。"②梁启超的这一观点来自对人权形成历史的实际考察。而这种考察又是以进化论的"物竞天择,优胜劣败"的规律为基础的。他考察过日本明治维新运动;研究过法国大革命产生的《人权宣言》;分析过英国君主立宪的形成过程;探讨过美国的黑奴解放运动。他得出的结论就是要"伸民权"。"是以有国者而欲固其位,则莫如伸民权。……处今日生存竞争优胜劣败之世界,非藉民权无以保国权。"③伸民权就必须进行斗争。斗争的最重要的形式就是变法。他认为清末国情万分危急,变法已是刻不容缓。当时国内法制不善,百事废弃;国外敌国林立,侵扰不断,在这种内忧外患交迫而至的情况下,非变法图强,无以自立。他指出:"法者天下之公器也,变者天下之公理也。……变亦变,不变亦变。变而变者,变之权操诸已,可保国,可以保种,可以保教。不变而变者,变之权让诸人,束缚之,驰骤之。呜呼,则非吾之所敢言矣。"④从伸民权伸人权的角度来说,变法就是要废除封建专制主义制度,立宪法,设国会,实现宪政。他说:"欲君权之有限也,不可不用民权;欲官权之有限也,更不可不用民权。宪法与民权,二者不可相离。"⑤伸民权

---

① 《新民说》。
② 同上。
③ 《爱国论》。
④ 《论不变法之害》。
⑤ 《立宪法议》。

的斗争对象就是君权和官权。立宪法既要保民,又要限君权限官权。民权的取得是与同君权官权的斗争分不开的。梁启超的这种斗争观为人权的奋斗指明了方向。人权要向谁争呢?就是要向统治者争,向政府争,向官吏争。因此,人权的针对性直接指向君权官权。争人权必须同政府斗争、同官吏斗争,这在任何时都是不可回避的历史逻辑。哪里有公共权力,哪里就会有公共权力异化的可能,从而就有斗争的必要。可以说人权斗争同克服公共权力异化是同一个历史过程。这就是梁启超的人权斗争观留给后人的启迪。

梁启超的人权斗争观还突出地表现在他的抵抗权主张方面。梁启超的抵抗权主张受到儒家抵抗权思想的影响。儒家在世界上最早提出抵抗权问题。儒家倡导的抵抗权形式有多种。其中包括拒绝为暴政暴君服务;自由出国远离暴政暴君;易位和放伐暴君,更换政府;以及诛暴君诛独夫等激烈的革命行动。[1] 这些都是儒学文化传统中具有民主主义性质的优秀成分。梁启超沿着儒家的这一抵抗路线、结合宪政推行和保障问题,进一步提出了抵抗权主张:"使不幸而有如桀纣者出,滥用大权,恣其暴戾,以蹂躏宪法,将何以待之?使不幸而有如桓灵者出,旁落大权,奸雄窃取,以蹂躏宪法,又将何以待之?"[2]他的回答是要确立民权,以便在发生上述践踏宪法的行为时进行抵抗,对于推行宪政来说,最重要的是要确保人民的抵抗权。相对于专制权力而言,民权本身是具有抵抗性

---

[1] 关于儒家的抵抗权思想的详细情况,请参阅拙文《儒家思想与现代人权》(与刘新合作)。

[2] 《立宪法议》。

的。在出现桀纣、桓灵之流时,"故苟无民权,则虽有至良极美之宪法,亦不过一纸空文,毫无补济,其事至易至明也。"①面对专权者的横行霸道,如果没有人民行使抵抗权,仅依靠一纸空文宪法,那是无济于事的。梁启超已经从法律的角度非常明白地将抵抗权问题提出来了。

面对专权者踩躏宪法践踏自由人权的问题,梁启超不仅认为人民有抵抗的权利,而且认为行使抵抗权以保卫自由人权,这也是人民必须履行的义务。他从权利义务结合的角度给予抵抗权以高度的重视。为了鼓励人民自我解放,根除奴性,为争取自由人权斗争到底,他甚至提出"放弃自由之罪"②的概念。他认为践踏自由人权的专制者和压迫者已经"不足责,亦不屑教诲",③问题的侧重点应该放在唤醒被压迫者方面。被压迫者有义务使自己获得解放。在梁启超看来,"放弃自由罪"比"侵人自由罪"更为严重。你总不能指望压迫者和侵略者去保卫自由人权。保卫自由人权只有依靠被压迫者和被侵略者自己起来进行抵抗。权利来自斗争。在自由人权遭到践踏和踩躏时,不抵抗就意味着放弃自由人权。从人权斗争观来看,这是千真万确的道理。当然,在自由人权受到侵害时,不行使抵抗权的情况是多种多样的。从主观方面看,被压迫者、被侵略者一般总是愿意进行抵抗的,但事情往往力不从心,甚至根本没有抵抗实力。如果一概以"放弃自由罪"论处,显然失之偏颇。不过,梁启超虽然操之过急,言辞尖锐,但他那种恨铁不成

---

① 《立宪法议》。
② 《自由书·放弃自由之罪》。
③ 《致良有为书》。

钢的爱民心情以及维护自由人权、同专制主义斗争到底的正义精神却感人至深,对后人争取人权斗争是一种极大的鼓舞力量。

关于在什么情况下可以行使何种抵抗权的问题,梁启超也作了较为深入细致的探讨。他提出的十大"立宪政治之信条"的基本精神是:"国中无论何人,其有违宪者,尽人得而诛之"。"尽人得而诛之"的抵抗权是在当权者公然违宪且有大规模违宪举动的情况下行使的。至于如果发生下述部分违宪行为时,则要相应地行使具体有限的抵抗权。对于以法律以外形式限制公民权利或课税的行为,人民得以抵抗或拒绝服从;对于不经议会多数决定提出的法律,人民得以拒不服从;对于以行政命令变更或侵害法律的行为,人民得以反抗;对于违反法律程序的预算案不得通过;对于专权暴君,不经激烈革命或暗杀不足以解决问题的,人民得以行使暴力革命权或暗杀权;对于可以在法律程序上解决问题的违宪行为,可以实行不信任投票制度和弹劾制度。值得注意的是,梁启超认为结社权是一种非常重要的抵抗权。他极力主张群众集结成政党并争取议会席位,以制约和控制政府。人民必须通过各种形式组织起来,形成有组织的抵抗实力,以对抗可能出现的专制行为。

梁启超抵抗权思想的彻底性还表现在他既反对恶法优于无法论,也反对恶法亦法论。他批判中国古代慎到"法虽不善,犹愈于无法"的观点,指出法若不善,不足以为治。"法而不善,则不肖者私便而束手焉。无论得人不得人,皆不足以为治。"①恶法优于无法论者通常满足于表面的稳定秩序而不惜以牺牲人民的权益为代价。其根本立场是站在专制权势一边为专制主义制造舆论。这种

---

① 《箴立法家》。

人的论调当然会受到为自由人权奋斗的梁启超的批驳。至于那种纯实证主义的恶法亦法论,同样不符合法的概念,为梁启超所不屑一驳。他指出:"乱国之立法,以个人或极少数人之福利为目的,目的不正,是法愈多而愈以速乱亡。"①对于违背法的宗旨的专制主义法律,梁启超采取恶法非法论的立场而根本不予承认。非但如此,他还号召人们拒绝服从恶法,行使抵抗权利。他主张的法治同亚里士多德的法治概念相同,即法治必以良法善法为前提。② 但梁启超的法治论更接近现代抵抗权论的水平,充满人权主义的抵抗精神。③

梁启超不仅在理论上深入论证了人权的对应性或抵抗性,号召人民为维护人权而奋起斗争,而且他一生坚持以实际行动实践了自己的抵抗权主张。从公车上书到百日维新,从流亡日本到创办《新民从报》,从发动护国战争到反对张勋复辟,梁启超始终以无所畏惧英勇不屈的抵抗精神同封建专制主义进行斗争。

四、法律平等与选举制度

法律平等权与人权的平等性是两个既有区别又相互关联的问题。人人在法律面前享有平等的权利,这种权利是人权的一项基

---

① 《箴立法家》。
② 关于亚里士多德对恶法的态度,请参阅拙文"孔子亚里士多德法律思想比较研究"。载《孔子法律思想研究》(论文集),山东人民出版社1986年。
③ 关于现代抵抗权论,请参阅拙文《抵抗主义法学运动与天野和夫的抵抗权思想》。

本内容。法律平等权表明平等性是人权的基本属性之一。对法律平等权的理解直接关系到对人权平等性的理解。在这方面梁启超的有关论述对于正确认识人权的平等性具有一定的启发意义。

法律平等权的提出,无论在西方还是在中国,都是针对阶级特权而发的,是对阶级特权的批判。梁启超主张的法律平等权首先是同立法上阶级特权相对立的。在阶级不平等的社会中,法律倾向于为特权阶级利益服务,规定和保障阶级特权。此种维护阶级特权的立法被梁启超一概斥之为恶法。梁启超指出:"夫诽谤偶语者弃市,谋逆者夷三族,此不问而知为专制君主所立之法也。妇人可有七出,一夫可有数妻,此不问而知为男子所立之法也。奴隶不入公民,农佣随田而鬻,此不问而知为贵族所立之法也。信教不许自由,祭司别有权利,此不问而知为教会所立之法也。以今日文明之眼视之,其为恶法,固无待言。"①显而易见,如果法律内容本身规定不平等的话,就根本无平等性可言。此种法律当为现代文明所唾弃。正是从注重立法平等的角度出发,梁启超提出"立法权属于民"。只有将立法权归之于全体人民掌握,才能在立法上取消特权现象以体现人权的平等性。换言之,如果法律依然在维护阶级特权,在规定人们必须信奉某种主义或某种信仰,此种恶法表明立法权没有属于人民而是在特权阶级控制之中。这就是梁启超法律平等权主张的基本内容。

尽管梁启超在本世纪初就对立法不平等的阶级特权现象进行猛烈抨击,然而直到今日依然有人为阶级特权张目,认为法律平等权只能限于法律实施方面,而不允许讲立法上的平等。如果梁启

---

① 《论立法权》。

超生于今世,对此,不知当作何愤慨。法律如果规定一部分人的地位高于另一部分人,规定全体人民只能信奉一部分人所主张的信仰,在梁启超看来,该法的性质便"不问而知"了。同样,那些思想狭隘偏执无知的人们所提出的只准讲法律实施上的平等的主张,其性质究竟是善是恶,也就"不问而知"了。

  人权的平等性在于无论何人,只要是人,都应该享有人权。如果权利只是特定阶级或特定一部分人的,这种权利便绝不是人权,而是特权。特权在本质上是同人权相对立的。从这种意义上讲,梁启超对法国《人权宣言》的批评体现了他对人权平等性的深刻理解。他指出法国《人权宣言》虽然规定凡人都应恢复人的资格,但实际上忽视了女子的权利:"因为他们是 women,不是 men,说得天花乱坠的人权,却不关女人的事。"①他认为女子和男子一样都是享有人权的主体;女权运动应该成为"人权运动"的重要组成部分。他甚至将女权运动直接称作人权运动,并极力赞成和提倡作为人权运动的女权运动。他表示:"女权运动,无论为求学运动,为竞业运动,为参政运动,我在原则上都赞成;不惟赞成,而且十分认为必要。"②在求学、就业和参政各方面,女子应该同男子一样享有平等权利。女权运动的意义在于它体现了人权的平等精神。梁启超正是从人权的平等精神出发来倡导女权运动的。

  人权平等性的实现需要有一个不断斗争不断充实的过程。强调通过运动程序逐步实现人权的平等性,这是梁启超人权思想的另一项重要内容。就女权运动程序而言,实际上涉及三个阶段上

---

① 《人权与女权》。
② 同上。

的不同内容的平等权。"一是教育上平等权,二是职业上平等权,三是政治上平等权"。① 从程序上看,这三种意义上的平等权的实现具有先后顺序,应该依次推进。梁启超的主张是:"若以程序论,我说学第一,业第二,政第三。"②在人权运动程序论方面,梁启超的"学第一"的主张体现出对人权主体性和解放性的重视。人权是主体自我意识到的权利。人权意识的发达与否直接同主体的觉悟程度相关。人权运动的价值和意义就在于是主体的自觉自动,是主体争取自我解放的斗争。人权的主体性和解放性决定人权运动的自动性。梁启超非常明确地强调人权运动必须是自动的:"美国放奴运动,不是黑奴自己要解放自己,乃是一部分有博爱心的白人要解放他们,这便是他动,不是自动。不自动得来的解放,虽解放了也没有什么价值。不惟此,凡运动是多数人协作的事,不是少数人包办的事,所以要多数共同的自动。"③人虽然都具有主体性,因而人权运动作为自觉自动的运动成为可能,但由于智识程度不同,故自觉自动的程度也就有所不同。"不从智识基础上求权利,权利断断乎得不到,侥幸得到,也断断乎保不住。"④注重人权的智识基础,这一点也是梁启超人权思想的一个重要特征。对人权平等性的认识同人的智识程度密切相关。人的知识程度越高,其觉悟程度也就越高,从而人权意识也就越强。因此,"开民智"和不断增强"智识基础"应该成为实现人权斗争的最基本的环节。

就重视人权的智识基础而言,梁启超的新民说同严复的"三民

---

① 《人权与女权》。
② 同上。
③ 同上。
④ 同上。

论"(鼓民力、开民智、新民德)无论在理论形式上还是在具体主张上都大致相同,它们都将开民智作为求权利的动力源泉。但是,就人权的平等性同民智的关系而言,梁启超和严复在这个问题的认识上却有很大的不同。严复将平等理解为人类理想状态的力智德的平等,且认为"民主之所以为民主者,以平等"①严复说:"顾平等必有所以为平者,非可强而平之也,必其力平,必其智平,必其德平。使是三者平,则郅治之民主至矣。"②将力智德的平等作为民主政治的标识和根基,进而将民主政治的目标推向遥无期限的未来,这是严复过程分离论错误得以形成的原由。③ 尽管梁启超也曾有过类似的过程分离论的认识错误,但梁启超追求的不是可期不可得的力智德的平等。梁启超注重的是法律上的平等。这种平等一方面表现为国民在立法上得以平等地表达意思,另一方面国民在立法上不被划分为不平等的阶级。前者具有积极的主动意识;后者具有消极的被动的意味。当他讲求立法权的性质和意义时,才思横溢,博涉广论,情理充分。当他论及等级制度四民问题时,便简单认为中国自战国时期废除"世卿之制"后,"四民平等"问题便大致解决。④ 这说明梁启超注重的是立法上的阶级平等。他希望通过在智识基础上求权利,达到不仅废除立法上的阶级不平等现象,而且根除立法上的各类特权,包括政党特权,教会特权、男子特权、君主特权、贵族特权等。他将体现此类特权的立法一概斥之

---

① 严译孟德斯鸠:《法意·卷八·按语》。
② 同上。
③ 关于本世纪中国思想界的过程分离论问题,请参阅拙文《论严复的"三民"人权法思想》,《中国法学》1991年第5期。
④ 《新民说》。

为"恶法"就表明他所讲求的平等重在法律上的平等权。严复虽然也讲法律平等权,但在观念深处更着重事实平等,以致其民主概念也是卢梭式的直接民主。梁启超虽然也反对事实不平等,但在观念深处更着重法律意义上的平等,因此也更强调选举权和参政权。

平等固然是民主的基石。但作为民主权利的平等权更应该是法律上的平等权。人生而平等是人格尊严的平等,这种平等在法律上应表现为平等地享有人所应有的权利。在这方面,梁启超的思想比严复的思想更符合实际。严复将治制之极盛的民主解释成人人自为自治的小国寡民式的直接民主,由此必然不会详究选举权和选举程序之类的间接民主制所不可或缺的环节。① 梁启超受中国儒家思想影响较大,在中国法律文化传统中陷得较深,因而更倾向于符合儒家理想的间接民主制度,更注重选举权和选举程序的研究。

选举权是国民平等地表达意志和参与政治所必不可缺的最基本的民主权利。梁启超对选举权的研究在同时代的思想家中是独具特色的,且相当深入系统。他从宪政的角度对选举权制度做了划分:"人民选举议员之权,名曰选举权。选举权之广狭,各国不同。可分为普通选举与制限选举之两种。普通选举者,谓一切人民皆有选举权也。制限选举者,谓以法律提定若干条件,必合于此条,或不及于此条件,乃得有选举权也。"② 梁启超对选举权的划分,显然受到日本宪法学者的影响,直接采用"制限选举"的概念。但

---

① 关于严复在这方面的思想参阅拙文《论严复的"三民"人权法思想》,载《中国法学》1991年第5期。
② 《中国国会制度私议》。

他在概念的表述方面和术语使用方面又有自己的理解。他认为实际上普通选举在任何国家都不能彻底实现。选举权在任何国家都会受到一定限制,只不过受限制的标准和程度不同而已。他主张将"普通选举"一词改为"普通制限选举",而将"制限选举"一词改为"特别制限选举"。前者指选举权受到年龄、性别等限制;后者指选举权受到财产或教育程度的限制。①

关于外国法律规定的选举权资格限制在中国的条件下哪些可以实行的问题,梁启超认为根据当时国情大致可以采用的有:国籍限制、属性限制、住所限制、公权行使限制和职业限制。他坚决反对对选举权实行阶级限制和财产限制。至于教育程度限制,他主张在当时教育未普及的情况下还是应该适当采用。他关于选举权的这些观点在当时是具有进步意义的,甚至比当时西方某些国家法律规定具有更多的民主色彩。

在普通选举方面,梁启超还论述了平等选举和等级选举。他讲的平等选举指一人一权,举国同等。等级选举指限于某种类的人有不同于民的优越权。其方法有两种:一是复数投票制度;二是分级投票制度。复数投票制度指将有选举权的公民根据其纳税总额分为不同等级,各等级选举议员人数不等。对于等级选举制,梁启超基本上持反对态度。但考虑到权利的智识基础和提高知识群体参政程度,他主张当时中国凡有科第官职及学堂毕业文凭者,得有投两票之权。

至于选举,梁启超认为直接选举和间接选举各有利弊。直接选举的优点在于:第一,在直接选举中,被选举人为选举人直接信

---

① 《中国国会制度私议》。

任,可以代表选举人意志。在间接选举中,被选举人虽为第二级选举人所信任,未必为原选举人所信任,因而多数人民意志不能直接反映在国会中。第二,直接选举,则选举人直接感受到选举的利害关系,对选举必然热心。间接选举,由于原选举人的意思不能直接反映在国会中而往往缺乏热心。第三,直接选举手续简单,不像间接选举手续复杂,使国家人民增加劳费。第四,间接选举的结果,基本已由原选举人选举时已决定,因为第二级选举人受命于选举人的投票,从这一点看,第二级选举人成为赘疣。间接选举的优点在梁启超看来主要在于:第一,原选举人较之第二级选举人在知识能力上为低,不易鉴别被选举人的才干,所以使用间接选举方法易得人材。在教育未普及的国家,间接选举的这一优点更为突出。第二,原选举人只熟悉周围的人们,在其邻里乡党以外所知甚少。用间接选举方法,第二级选举较易了解议员候选人。第三,用间接选举方法,第二级选举人受原选举人委托,对于选举更为慎重,并以公心行之。由于直接选择与间接选举各有利弊,梁启超根据中国国情提出上院采取间接选举制。至于下院,他主张逐步实行直接选举制。

在选举制度方面,梁启超还论述了选区的划分方法、中选计算方法、选举人名簿的制作、投票方法、选举机关构成等问题。特别值得提出的是,他非常强调对选举权的法律保障。为此,他主张实行开票公开制度、处罚不法行为制度和选举诉讼及中选诉讼制度等。为了增进国民的选举权意识,梁启超还建议待立宪思想逐渐普及后,可以推行强制选举法,使人们意识到选举不仅是一种权利,而且是一种义务。

在参政权中,除选举权外,梁启超还较深入地论述了被选举权。他尤其强调政府官员不得兼任议员,上院议员不得兼任下院议员,国会议员不得兼任地方议员,逐步实行议员专职化。这些主张即便在今日看来,对于加强新中国的人民代表大会制度的建设,依然有着重要的参考价值。

参政权之所以是人权的重要组成部分,在于它是一种"应有权利"或"当然权利"。梁启超对此曾明确指出:"人民之有参政权,其当然之权利也。"[①]梁启超虽然没有在人权中划分基本人权和非基本人权,但他至少将参政权视为基本自由权利的重要组成部分。他在《新民说·论自由》中将自由分为四类:政治自由、宗教自由、民族自由和生计自由。他以为政治自由在当时中国是最为急需的,而在政治自由中"参政问题"又是"中国所最急者"之一。参政自由权被视为基本自由权的重要内容。他还在《人权与女权》中将女权运动称为广义的"人权运动",又将"参政运动"作为三大女权运动之一来论述,并将政治上平等权同教育上平等权和职业上平等权相并列。所有这些,都说明他从基本人权的角度来强调参政权的重要性。

在涉及人权平等性的各种问题上,梁启超思想的一个鲜明特色就是反对阶级性,反对阶级不平等。然而,在梁启超不遗余力地批判权利阶级性近一百年之后,在中国思想界中,人权阶级性主张依然流行不衰。在一些偏执狭隘的人们看来,似乎平等性不是人权的本质属性,而阶级性反应成为人权的本质属性。其中也许有些心存善意的人原本想以此反对历史上的权利不平等现象,但是一旦宣布阶级性为人权的本质属性,无异于在逻辑上就认可不平等是正当的。由此,主张人权平等性反而成为不正当的了。这里,人权阶级论者的一个根本错误在于没有像梁启超那样将权利的应

---

① 《中国国会制度私议》。

然状态同权利的实然状态区别开来,体现事物一般性和普遍性的概念同某一特定事物的性质区别开来。在自由权利问题上梁启超对古今中外的许多阶级不平等现象进行了批判,但他并未由此得出自由权利就应该是阶级不平等的。在方法论上,他首先将自由权利视为道义上的正当的应然权利,然后再去研究它们在现实中的不完善的、部分的、变形的乃至歪曲的实然状态。他对历史和现实中的不平等现象的揭露是要对之加以否定,是要彻底消灭它,而不是要肯定它,更不是像某些别有用心的人要使之永恒化。而主张阶级性是人权本质属性的人权阶级论者的出发点是要揭示阶级不平等现象,而其归宿点则是要使阶级不平等现象延续下去。从研究方法上看,梁启超所坚持的人权平等论同今人的人权阶级论是根本不同的。正如面对一个腐烂的苹果一样,两者看问题的方法是完全不同的。在梁启超看来,苹果的概念应该在色、香、味、形以及对人体健康方面都有其规定性。而一个腐烂变质、危害健康的苹果根本不能代表苹果的本义。但在人权阶级论者看来,这个腐烂变质危害健康的东西恰恰表达了苹果的规定性。由此看来,人权平等论者与人权阶级论者根本就谈不到一起来。可见,在研究方法上一旦放弃了对事物的应然性普遍性和正当性的追求,就会陷入违背理性自相矛盾的荒谬境地。

五、集体本位与国家主义

近代人权观念自传入中国以后便逐渐展现出两种不同的思想倾向:一种倾向以严复为代表,强调个人自由在社会共同体中的价值,注重从保障个人自由出发来构建政治法律制度。此种以自存为前提、以个人自由为核心的人权观可以称之为个人本位主义人权观。另一种倾向以梁启超为代表,强调个人权利必须同公共权力相调和,主张集体或团体的利益高于个人自由,注重从保障集体或团体的利益出发讲求个人权利的发展。此种以集体或团体存在为前提、以公共利益为核心的人权观可以称之为集体本位主义的人权观。在社会动荡频仍、专制和集权接连不断的二十世纪中国,尽管这两种思想倾向在重大历史时期一直在进行斗争,但集体本位主义始终占有压倒的优势。当然,这里讲的集体本位主义是以承认人权概念为前提注重集体发展的思想倾向,而不包括那种根本否认人权概念、打着集体主义旗号的专制主义思潮。

从思想渊源上看,梁启超的国家主义人权观受到来自西方近代学说和中国古代思想两方面的影响。他提出的国家概念是以卢梭《民约论》中的人民主权论思想为基础的。"国家者,全国人之公产地",[1]这是梁启超关于国家的基本概念。这一概念的具体化是"有土地,有人民,以居于其土地之人民而治其所居之土地之事,自制法律而自守之。有主权,有服从,人人皆主权者,人人皆服从者。夫如是,斯谓之完全成立之国。"[2]这一系统的国家概念是从应然的理想的角度提出的。其中的基本要素有:土地、人民、治事、自立法、自守法、主权、服从等。显然,这种人民完全自治的国家在历史上和现实中还从未出现过。从人权观方面看,其理想性表现为人权与主权的合一。所谓"人人皆主权者",正同马克思设想未来社

---

[1] 《中国积弱溯源论》。
[2] 《少年中国说》。

会中人权的主权性将得到高度体现一样,具有理想化的色彩。在人权与主权的这种高度统一中,人权观念反而容易被淡化,因为主权概念在根本上同群体相联系,主权性不会停留在个体的自主权上,而最终要向群体自主权发展。

中国古代思想对梁启超的国家主义人权观的形成也有一定的影响。他认为先秦法家的理论具有团体主义色彩,而儒家和墨家的理论具有个人主义色彩。他指出:"又法家言,主张团体自身利益过甚,遂至蔑视团体员利益,……而儒墨家言,又主张团体员利益过甚,于国家强制组织之性质,不甚措意。"① 这法家蔑视个体利益的理论因为"其道不慊于人心"②而不利于社会长期发展;儒墨家忽视团体组织的理论因"其制裁力有所穷"③而不适用于国家安定。对于蔑视个体利益和忽视团体组织的这两个极端,梁启超均持反对的态度。这两个极端主张中的任何一种占上风都不能长治久安,所谓"专任焉俱不足以成久治"。④ 梁启超从法律与道德相结合、团体利益与个体利益相结合的角度出发,提出"人道主义"的法治观。"故近今法治国之法律,莫不采人道主义"。⑤ 在吸收古今中外思想成分的基础上形成的梁启超的人道主义法治观已不同于法家的法治观,也不是中外思想的简单组合。梁启超的人道主义法治观属于现代意义的法治观。它从人道主义出发,以法律与道德的相互作用来保障个人的权利和利益在国家长治久安中得到发

---

① 《中国法理学发达史论》。
② 同上。
③ 同上。
④ 同上。
⑤ 同上。

展和实现。这种理论注重同他人的内在情感和理智的正义要求相呼应,注重使个人自由权利同国家稳定繁荣相谐调。人道主义法治观实际上构成梁启超国家主义人权思想的理论基础,为其国家主义主张提供理论框架。

在国家和法律的起源问题上,梁启超的观点具有卢梭式的社会契约论的性质。他认为"国家之立,由于不得已也"。① 当人们感到仅恃一身不足以实现自己的基本需求时,人们就会设法结成团体以相互团结、相互补助和相互捍救。为保证利益永不穷,就必须尽力维护这个团体。国家便是这种团体的最高表现形式。

梁启超在强调权利思想的同时,强调国民应该具备国家思想,实际上也就是国家主义。他的国家主义具有四方面内容,其中每一方面内容都侧重主张国家本位。首先,对于一身而知有国家。国家对于个人来说比个人价值更为重要。国家使人人受益。为使利益永不穷,"则必人人焉知吾一身之上,更有大而要者存"。② 每个人的一言一行都要有利于维护国家存在,即"必常注重于其所谓一身以上者"。③ 在梁启超看来国家这个政治团体直接关系人道的存亡。无国家则无人道。个人必须始终将国家看得高于自己,若不然"是团体终不可得成,而人道或几乎息矣"。④ 其次,是对于朝廷而知有国家。梁启超将国家与政府即朝廷相区别。政府代表国家;国家高于政府。爱国家需要爱及政府,但前提是政府必须是正式成立的。梁启超虽未对"正式"成立的含义作解释,但其行文表

---

① 《新民说》。
② 同上。
③ 同上。
④ 同上。

明在于强调政府的合法性。再次,对于外族而知有国家。由于物竞天择的规律决定,"国与国不能不冲突"。① 因此,真爱国者,"宁使全国之人流血粉身糜有孑遗,而必不肯以丝毫权利让于他族。"② 最后是对于世界而知有国家。其要点在于主张"以国家为最上之团体,而不以世界为最上之团体"。③ 梁启超这四方面主张的基本要点归结起来就是国家本位主义。正如他明确表示"国也者,私爱之本位,而博爱之极点"。④ 他把国家看成高于个人、高于政府、高于外族和高于世界的神圣不可犯的最高存在。在二十世纪中国思想界恐怕再也没有别人像梁启超这样将国家奉为如此至上了。他的国家本位主义不仅是对严复的个人本位主义的否定,而且也是对康有为的世界主义和博爱主义的否定。国家高于政府固然毫无疑义。国家权利不让于外族,也属爱国,但是一味拔高国家地位,无节制地盲目强调国家高于个人高于世界,着实是本末倒置了。这里突出表现出梁启超思想的内在矛盾和无原则性无一贯性。

他忘记了自己对法家漠视团体成员利益的理论的批判,也忘记了自己对人格尊严和应有权利的理论追求。既然国家因每个人的利益需求而成立,国家便不应超越维护个人自由权利的一般原则和限度。这一原则和限度本身就表明国家不是私爱的本位,更不是博爱的极点。国家的性质既然在于是团体,高于国家的团体也必然会存在。在这个问题上不能不说梁启超同康有为相比较而太缺乏理论创造性和想象力了。他处于二十世纪初的时代条件

---

① 《新民说》。
② 同上。
③ 同上。
④ 同上。

下,对国际社会共同体的产生问题缺少起码大思想家所应该具备的科学预见和理论洞察,这不能不说是一种属于思想家个人的缺陷和遗憾。如果梁启超再多活三十年,面对联合国的存在和发展,恐怕就不会再坚持国家高于世界的狭隘观念了。他以国家本位主义来否定世界主义,已不再具有理论的意味,而更多地使人感觉到纯属实际政治主张,时过境迁,转瞬即逝。尽管今人中依然有人步梁启超后尘以国家主义来对抗世界主义,一味坚持人权国界论,但不过同梁启超一样,缺乏起码的令人信服的理论力量。

当梁启超大力提倡国家主义的时候,他心目中的国家此时还停留在国家的一般概念上,且是一种理想化的或还未异化的符合其本质的事物。他主张国家至上,这并非说他根本不顾个人自由权益,不考虑国家和政府侵害人民权利问题。前文论及他的抵抗权思想时已充分揭示出他对民权人权问题是非常关注的。问题在于,他的理论在许多方面往往缺少连贯性和一致性。特别是在不同历史时期和思想发展阶段,其理论观点会出现较大的转折和变化,甚至前后相互矛盾和冲突。然而,就国权与民权的一般理论关系而言,他的思想倾向基本上始终偏重于国权主义。他讲宪法第一大精神就是"国权与民权调和",而在国权与民权之间,联系到现实国情,他明确提出"应稍畸重国权主义"以克服"多数国民政治思想方法极幼稚"所可能造成的影响。① 调和国权与民权,固然应成为宪法基本精神。但这里的确有一个何为本位的问题。立足于国权还是立足于民权,不同立足点会产生一系列的不同。梁启超的立足点虽然有时在国权主义和民权主义之间动摇,但基本上如他

---

① 《宪法之三大精神》。

本人所言偏重于国权主义。

　　一般说来,具有团体主义倾向的理论一般都比较强调权利与义务的调和。梁启超的国家主义主张也是与其权利义务统一观分不开的。他讲权利的同时每每要强调相应的义务的重要性。有时他甚至以义务来解释和阐明权利的概念。他认为权利和义务是不可分离的。"人人生而有应得之权利,即人人生而有应尽之义务",① 这种看法是没错的。"人人自由,而以不侵人之自由为界",② 这种看法也没错。问题在于他的这种权利义务统一观的理论基础是注重"团体之自由"③的团体主义或国家主义。在个人自由与团体自由之间,他更着重团体自由。在权利与义务之间,有时他似乎对义务更感兴趣。他强调"服从者实自由之母",④ 甚至提出"一国人各有权,一国之人之权各有限之谓也"。⑤ 以服从释自由和以限制注权利,这在梁启超的著述中是屡见不鲜的。这种所谓权利义务统一观不能不说是一种似是而非的论调。因为在权利和义务之间依然有一个何为本位的问题。以权利为立足点和以义务为立足点是两个在性质上完全不同甚至相反的立场。权利不是因义务而生;恰恰相反,义务是因权利而生的。不以权利为本位,势必会倾向于以义务为本位。尽管梁启超努力在权利义务之间进行调和,但他的思想倾向有时不能不令人产生疑惑。中国人法律意识中的义务本位主义的普遍现象在梁启超的观念中同样有所反

---

① 《新民说》。
② 同上。
③ 同上。
④ 《服从释义》。
⑤ 《答某君问德国日本载抑民权事》。

映。甚至使人觉得梁启超的权利义务观同时下流行的论调完全相同。它们都受团体主义和国家主义的支配。自由和权利的概念还未讲清楚,便急忽忽地去强调服从强调义务强调限制。真不知是要使国人明白权利,还是担心国人去行使权利,抑或是二者都有。原本是要说明自由权利的意义,但结果却使人产生紧张的"防民"之感。这其中恐怕与思想深处潜伏的防民动机有牵连。究竟是国权为重还是民权为重,究竟是权利为重还是义务为重,这在学者来说是不能不搞清楚的问题,否则有可能沦为同搞愚民政策的人一样,终不愿国人真正觉醒。这一结果肯定还不是梁启超的初衷。但如果沿着其国家主义团体主义的权利义务观走下去,这必将导致到这条路上来,尽管这是他所不愿看到的。

六、君主立宪与代议制度

梁启超的宪政思想深受中国儒家贤人政治的宪法传统的影响。他从当时中国的实际国情和传统文化出发,在政体问题上主张实行君主立宪。他说:"君主立宪,政体之最良者也。"[①]在中国只能实行君主立宪,而不能实行民主共和。在他看来,中国的国民缺乏自治能力,如果勉强实行民主共和政体,等于拔苗助长,不但无益,反而会制造混乱,促进帝国主义瓜分中国。尊皇权,实行君

---

① 梁启超:《立宪法仪》,见《饮冰室合集》第1册,影印上海中华书局1936年版,中华书局1989。

主立宪,是唯一良策。

梁启超对宪法问题很重视。他把宪法的概念分为广狭二义。广义的宪法指国家的根本大法,不同政体的国家都有。狭义的宪法指有议会的国家的根本大法。他提倡狭义的宪法概念。认为这一概念可以把专制制度国家的根本大法排除在宪法之外。他说:"宪法者,何物也,立万世不易之宪,而一国之人,无论为君主为官吏为人民皆守之者也。"①又说:"世界之政有二种,一曰有宪法之政(亦名立宪之政),二曰无宪法之政(亦名专制之政)。"②从狭义的宪法概念来看,在封建专制主义国家,君主言出即法,为所欲为,这就无宪法可言。

梁启超希望通过制定宪法来限制君权,发展民权。他认为君权之所以有限,"非臣民限之,而宪法限之也。"③民权只有通过立宪才能得到保障。宪法与民权,二者不可分离,"此实不易之理,而万国所经验而得之也。"④他主张向西方资产阶级国家学习,尽快颁行宪法。为此,他不断向清政府提出立宪的措施与方案。其中包括:改中国为君主立宪国,派朝廷重臣出游欧美,考查其宪法的异同,开立法局,草拟宪法,宪法草案要在全国进行讨论,宪法颁行后,不经全国人民投票,不得擅行更改等。

梁启超对国会给予了高度重视。他将国会视为区别专制国和立宪国的重要标志。他说:"语专制政体与立宪政体之区别,其唯

---

① 梁启超:《立宪法仪》,见《饮冰室合集》第 1 册,影印上海中华书局 1936 年版,中华书局 1989。
② 同上。
③ 同上。
④ 同上。

一之尝识,则国会之有无是已。"①梁启超还从法律和政治方面探讨了国会的性质。从法律方面,他指出:虽然各国宪法规定不同,但是有一个共同点,即国会作为国家的"限制机关"而与"主动机关"即行政机关相对。只有在法律上享有对行政机关进行限制的权力的机构才能称为国会。从政治方面来说,国会是代表全国各方面政治势力的机构。国会议员必须经国民选举产生。

梁启超还对国会组织进行了研究。他从法理上将两院制与一院制做了比较,提出两院制有四个优点:第一,两院制可以避免国会之专横,第二,两院制可以调和国会与其他机关之间的矛盾,第三,两院制议事更为慎重,能避免偏激,第四,两院制有助于发挥政治才干。

关于三权分立与四权配置的关系问题,梁启超针对当时中国的情况,形成了自己的理论。他在《中国国会制度私议》中对世界各国宪法上的国家机关进行了分类。他认为有四类国家机关:大权机关、立法机关、行政机关和司法机关。大权机关掌诸元首;立法机关掌诸国会;行政机关掌诸政府;司法机关掌诸法院。梁启超对西方近代国家实行三权分立制度表示推崇。他说:"行政,立法、司法三权鼎立,不相侵轶,以防政府之专恣,以保人民之自由。"②他对孟德斯鸠的分权理论作过比较深入的探讨。他把统一"三权"的统治权称为"体",把由国会,国务大臣,审判厅分别行使的立法、司法,行政"三权"称为"用"。认为"用"是可分的,而"体"则不可分

---

① 梁启超:《中国国会制度私议悬谈》,见《饮冰室合集》第3册,影印上海中华书局1936年版,中华书局1989。
② 梁启超:《论立法权》,见《饮冰室合集》第1册,影印上海中华书局1936年版,中华书局1989。

割。他对西方国家三权分立的分析,确有一定的道理。但是他主张"三权之体皆笼于君主",[①]即把"三权之体"完全交给君主掌管,三权最终统一于君主一人之手。这样,他就把西方的三权分立理论打了很大的折扣。

梁启超围绕着宪法、国会和三权分立等问题所进行的理论探讨,比其老师康有为前进了一步。他想通过立宪法、设国会和实行三权分立,对君主的权力加以限制,这种思想的积极意义也不应抹杀。但他的维新改良主义的立场,使他的思想陷于自相矛盾之中。梁启超迷恋君权,企图在民权与君权之间进行调和,在一定程度上导致他的民权思想的窒息。

宪政的核心内容便是代议制。代议制意味着国民既是被统治者,又是主权者。统治者产生于国民中的精英分子。国民作为被统治者,应当遵循由统治者根据国民意志所确立的正向统治秩序。国民作为主权者,应当通过国民中的精英分子来进行统治和管理国家,促使统治者服从国民意志和遵守反向统治秩序。在宪政体制中,国民不可能成为统治者。当国民一旦成为统治者时,统治者与被统治者的区别已经消失。那是民主的神话,是人类久已渴求的遥远梦境,或为马克思的国家消亡境界,或为莫尔的乌有乡理想。

作为宪政标识的代议政治在本质上是贤人政治。贤人政治意味着统治者集团的存在,它与被统治者之间始终有一定距离,并在性质上始终有异化的危险。代议制将国民中的贤能推上政治舞

[①] 梁启超:《论立法权》,见《饮冰室合集》第1册,影印上海中华书局1936年版,中华书局1989。

台,让他们既统治国民,又遵从国民。代议制承担着具有双向性质且彼此冲突的决斗裁判任务。代议制的一边是统治者,另一边是被统治者。决斗的双方都离不开代议制度来确立和维系决斗规则。代议制任务是要保证这场决斗的公正性。一旦代议制出现了问题,双方便无规则可循,先是出现暴君,然后出现暴民。没有代议制度,贤人政治便会异化为暴政。从这一点上讲,代议政治或贤人政治也是仁政。建立代议制度和实现宪政的过程即是实现仁政克服暴政的过程。

梁启超对作为代议制的国会制度的法律性质和政治性质十分清楚。从世界范围来看,已经实现宪政并走向民主的国家,至多也只是在宪政中注入越来越多的民主要素。至今为止,没有哪一个国家能够摆脱贤人政治模式,而实现纯粹的民主政治模式。即便现代美国民主主义者力图改变建国时期立宪者们所确立的精英代议制模式,至多也只是初步实现"民主代议制"模式,而依然无法摆脱代议制本身所具有的根深蒂固的贤人政治的属性。[1] "民主代议制"或"代议民主制"的称谓在概念上混淆了代议制与民主制的古典区别,甚至使常人将代议制也当成一种民主制。近代以来代议制只是注入了间接民主制的一些要素。

笔者根据梁启超的思想,强调要认真对待宪政与民主的区别或代议制与民主制的区别,是为了将近期(今后半个世纪)与长远(半个世纪以后)中国政治体制改造的目标逐步明确下来。国人应当集中全力于近期为实现代议制度而努力。中国历代先哲憧憬的贤人政治的仁政理想应当通过健全代议制来实现。将代议制度描

---

[1] 路易斯·亨金著:《宪政·民主·外交》,中国问题研究所译。

述成贤人政治的仁政模式,这不仅符合代议制度本身的属性,而且更符合揭示中国现实政治的本相及其改造路径的需要。中国近百年政治体制不仅在程序上没有实现代议制,而且在原则和目标上也没有达到代议制所应体现的贤人政治的仁政理想。在程序上,至今中国仍然没有实现国民议会代表的真正的自由选举制。在原则和目标上,贤人政治原则和仁政理想依然是国人从未体验过的处于现实世界彼岸的难以触及的事物。我们之所以欢迎和拥护代议制,因为只有它能实现中国人几千年来梦想的儒家宪政。

代议政治的基本原则和理想目标是贤人政治和仁政德政。代议制从根本上认为国家管理在客观上要求少数精英代表进行统治,而大多数国民根据自己的意志来接受统治。政治在本质上虽然需要大多数国民的参与,但参与者和统治者之间仍然还有天壤之别。不论出于何种理由,至今为止人类的智慧还没有发达到能够设计出排除贤人当政和国民被治的统治结构。[1]

贤人政治的根本特征在于仁者在位,能者在职。管子主张"匹夫有善,可待而举"(《国语·齐语》),"使各为其所长"(《管子·牧民》)。贤人政治所要破除的就是任人唯亲和任人唯党。老子认为"天道无亲,常与善人"(《第七十九章》)。孔子认为,"举直错诸枉,则民服;举枉错诸直,则民不服。"(《论语·为政》)上述善者直者在本质上也就是仁者贤者。只有贤者仁者可以被选为执政者。墨子主张"选择天下之贤可者,立以为天子"(《尚同》)。根据墨子的思想,"贤可者"必然是"爱人利人者"(《天志》)也即儒家所称赞

---

[1] 杜钢建:《抵抗性宪政结构与不规制运动》,载于《法学探索》1996年第1期。

的"仁者"。如何使贤者仁者当政,这是中国古代政治思想家们所普遍关心的问题。墨子将尚贤视为政本,提倡尚贤事能为政。国家政治衰败的原因在于不知"尚贤之为政本"(《尚贤》上)。在贤人政治理论方面,墨子的思想主张最为彻底。他主张"不党父兄,不偏富贵,不嬖颜色。贤者举而上之,以为官长;不肖者抑而废之,贫而贱之,以为徒役。""虽在农与工肆之人,有能则举之,高予以爵,重予以禄。"(《尚贤》)破除世袭官僚制和终身制,使贤能者得到选举,这是贤人政治的一个重要特点,也是代议制所要达成的目标之一。

正如梁启超所看到的,代议制不仅要使贤人当选,而且要使"官无常贵,民无终贱"(《墨子·尚贤》)。通过代议制的选举制度和任期制度,为官者可上可下。至于怎样实现"官无常贵,民无终贱",中国古代先哲只是提出赏贤罚暴的主张,而缺乏近代代议制度将选举制与任期制相结合的有效措施。古人虽然也讲选举,甚至讲选择天下贤可者立以为天子,但古人所言选举与近代自由选举制度仍有区别。此种区别在于,古人所言选举既包括选择,也包括由众人推举。选择可以是由在上者对在下者作出选择,如为官者挑选非为官者任官,或上级官吏选拔下级官吏;也可以是由在下者选择出在上者,如天下人选择天子。众人推举的形式有多种。可以是口头提出意见,也可以是采用抽签办法。中国古人所缺乏的不是选举原则,而是选举技术知识。西方人实行的投票制和竞选制为中国古人所陌生。近代代议制理论可以弥补中国古代贤人政治理论的不足。

梁启超对中国古代任人服官的原则和制度给予了重视。在任人服官方面,中国古人非常重视位、禄、官的区别。位以表德,禄以酬功,官以使能。视德分位,计功分禄,量能分官。分位、分禄、分官的三分论的官制论表明德、功和能的不同作用。尊德而崇以位;

计功而授之禄；量能而任以官。"德义未明于朝者,不可加以尊位；功力未见于国者,则不可授以重禄；临事不信于民者,则不可使任大官。"(《管子》)在选官任职方面,如果德不当其位,功不当其禄,能不当其官,则必为乱之源。孟子提倡"贤者在位,能者在职；"(《公孙丑上》)"尊贤使能,俊杰在位；""惟仁者宜在高位"。问题在于,如果离开近代的选举权制度和竞选制度,就难以保证仁者在位,从而也不能避免德不当位、功不当禄、能不当官现象的泛滥。只有将中国古代的贤人政治论与近代的代议制原理相结合,才能使古人思想中的合理观念得到充分发挥。

代议制原理与贤人政治论的一致之处在于它们都具有两方面作用:一方面是限制政府,实现责任政府或有限政府；另一方面是保障民权,使官不敢犯民,犯民者必惩。这两方面内容归结起来可以概括为四字:限官保民。在限官保民方面,中国古代先哲提出过许多积极的建设性建议和措施。一是官由民举,使民举贤,使民举能。李觏说:"盖使民自举能者,因入之""使民兴贤,使民兴能"(《李觏集·官人第二》)。二是为民设官,为官设长。设官设长的目的在于为民服务,效功于民。管子认为,土地博大,野不可以无吏；百姓殷众,官不可以无长。设官因民,设长因官。三是敬天保民,成天限官。官吏设置以后,须始终坚持敬天保民的原则。中国古代的人民主权观念表现为天民一致,以民成天,以天限官。"民之所欲,天必从之"(《左传》襄公三十一年引《泰誓》)。"天视自我民视,天听自我民听"(《孟子》引《泰誓》)。成天限官的目的在于保民。四是以民为监,民众参与。西周时即已提出以民为监的问题。当时周公等进步思想家主张国民谤政,倡导广开言路,人人议政评政。子产也曾经赞成人人可以议政评政。子产说:"夫人朝夕,退而游焉,以议执政之善否。其所善者,吾则行之;其所恶者,吾则改之,是吾师也。"(《左传》襄公三十一年)自管仲至李觏、唐甄,许多进步思想家都是主张民众参与。古代的三刺之法中"讯万民"便是一种民主审判方式。万民参与重大案件的司法审判,以便根据民意断案。孟子提倡"国人皆曰"。李觏说:"犹恐聪有所不闻,明有所不见,下情有所不达,议法有所不平。于是有外朝之位以询于众焉,必群臣、群吏、万民之意同,然后刑杀,可不谓慎乎?"(《李觏集·刑集第二》)重大司法审判实行民意公决,这已经很接近于当代一些先进国家的全民公决司法审判制度。古人尚有国人皆曰和讯万民之制。在现代中国,连这一点也做不到。五是以道统法,依法择官。古人重视法律的正义性问题,主张"宪律制度必法道"(《管子》)法不仁不可以为法。不法法则事无常,法不法则令不行。"治之所以为本者,仁义也;所以为末者,法度也。"(《淮南子·泰族训》)法本于仁义然后可以依法立政,依法治用,明法饬官,明法饬政。管子说"法者将立政府也。"上有五官以统民,下有五衡以察官,则有司不敢离法而行。六是定期审查制。为官者是否能继续胜任,须经常审查和考量。管子说:岁言者君也,时省者相也,月稽者官也。李觏赞成三计制:岁计曰会;月计曰要;日计曰成。除会制、要制和成制以外,还应实行"三年大计制度",每三年大计功。大无功,必罪之;大有功,必赏之。此外,每致旬终月终,皆考其治状,并建立废置制度,以确定升降级和进退爵。古人所谓"三考黜陟幽明",体现出定期审查考量的严明吏治的精神。七是定分修权,制约平衡。中国古人虽无三权分立思想,但也重视如何限制官权,保持为官之间的制约平衡。韩非子主张"一人不兼官,一官不兼事"(《难一》)。分官则安。官者各有所主,分功合治,文武殊途。由此,古人提出分职、分事、分类、分治等各种主张。上述这些都是中国古代贤人政治论中能够与代议制原理相结合的内容。由中国古代贤人政治论开出代议制度的可能性是存在的。并且中国古代的贤人政治论还可以为西方代议制理论提供补充。例如在文官制度、仁政原理和抵抗权理论等方面,中国古代文化思想中均有可值得认真吸取和发挥的成分。①

七、结束语:代价与矛盾

近代中国救亡图存的紧迫的历史重任使许多思想家不能专心致力于深入的专题理论研究,其中包括人权宪政理论研究。他们更多地将时间和精力投入实际政治运动以及与爱国救亡主题相关的探索之中。爱国主义成为诸多思想家的著述的主旋律。其中,梁启超是最典型的一个。他的人权宪政主张和其他具有启蒙意义的思想最终服从于他的爱国主义。正如他竭力表白:"我的中心思想是什么呢? 就是爱国;我的一贯主张是什么呢,就是报国"②。爱国主义同样也贯穿在他的人权宪政思想中。

梁启超人权宪政思想的爱国主义精神突出地表现在他关于民族生存权主张上。他将废除不平等条约等视为中国人民"生存自卫权"的根本要求。他充满激情和愤恨地坚定宣告:"我们全国民

---

① 参见杜钢建:《人权为体宪政为用——20世纪文化体用论之争的反思》,载于《当代学术信息》1994年第2期。
② 董方奎著:《梁启超与护国战争》,第91页。

对于不平等条约感受深切的苦痛已经八十多年。到今日至不复再行容忍的时候,我们早具决心,誓要改变这种不合理的国际地位。无论付出若何重大牺牲的代价,亦在所不辞。""无论何国,倘若不承认我们的国家生存自卫权——即改约,我们宁可暂时或永久和他断绝国际关系。"(《为改约问题警告友邦》。)在这庄严郑重的声明中,他还将废除领事裁判权和收回关税权都作为民族生存自卫权的内容。这些主张鲜明地表达了中国人民要求彻底摆脱屈辱地位的强烈愿望,维护中华民族的独立和尊严。几十年以后,《世界人权宣言》和联合国的其他人权法文献都将民族生存权纳入了人权的范畴。对此,梁启超在天之灵应该感到满意和宽慰。

　　爱国固然可嘉。然而思想家若将爱国主义奉为最高原则乃至像梁启超那样鼓吹国家主义至上就不免有些可悲了。按梁启超的超人学力和义理正义,他本应在人权宪政理论方面有更深入的发掘和更多的贡献。但是,由于国家危机的紧迫和国家主义的不适当的膨胀,他的人权宪政思想火花在强大的国权现实需要的压迫下显得十分微弱。他本应在探索人权宪政的道路上前进得更远些,但是国权主义成为他面前不可逾越的障碍。一旦将国权主义看重于民权主义或人权主义,任何天才的思想家都要为之付出沉重的代价;或丧失理论的创造性,或窒息本应放大的思想之光,甚至会从民主走向专制、从倡言自由人权走向压制和特权。梁启超的人权宪政思想之光由放论民权而兴,由倾向国权而终。他的人权宪政思想因其团体主义和国家主义的导向而为之大为减色。其后近一个世纪的中国思想界,实际上一直都在他倡导的团体主义和国家主义的支配下徘徊不前,人权民权始终不能成为思想界的主体。更有甚者,在团体主义和国家主义的旗号下,不知做出多少误国误民误人误己的践踏人权民权国权的罪恶。对此,梁启超的在天之灵不知会作何感慨。

一如许多评论家所言,梁启超思想在各个发展阶段变化多端。但因此认为他以维新兴起,以落伍告终,这种评价则是不公平的。变化归变化,但其变化的总方向必须给予高度的肯定。可以说,在他经历的各个历史时期中,他一直站在时代潮流的前面领航。他一生最大的特点和优点就是不断改变自己的观点和主张,用今我攻击昔我,以追随时代进步的需要。从清末维新倡导变法,到民国从政维护共和,无论是前期还是后期,他对于中国思想解放运动和社会政治革命都作出了重要贡献。即使就维新派同革命派的论战而言,也不应否定他仍然是站在时代的进步力量之中。他在《新民丛报》时期同革命派的争辩本是时代进步力量之间的路线分歧,绝非后人所论革新与守旧、进步与反动之间的对立。革命派在辛亥革命后的理论与实践都未超越梁启超站在论战中所划定的方略。孙中山提出的军政、训政和宪政的循序渐进的方案在本质上不过是梁启超君主立宪主张的具体化。宪政在理论上依旧是那么遥远,如同今人的共产主义邈不可测。在宪政问题上的过渡阶段论是维新派和革命派的共同纲领。区别只在于时间的技术估算而已。① 梁启超思想中所存在的问题主要不在于不同时期的变化,而在其思想深处的内在矛盾。他挚信仁心仁性或良心良知的普遍存在,又对博爱主义的可行性和导向表示怀疑;他高颂主体人格的自觉和尊严,又崇尚竞争和格斗的无情规律和优胜劣败的社会达尔

---

① 关于过渡阶段论问题,请参阅拙文《论严复的"三民"人权法思想》,《中国法学》1991年第5期。

文主义；他提倡个性解放思想自由，又要以团体主义教育国民束缚人心；他痛斥国人缺乏权利思想和主动追求人权的精神，又顾虑人民行使权利影响国权；他认识到人类社会共同体必然不断由小向大、由低层次向高层次发展，又偏偏把国家作为团体的最高峰而不许人们去超越；他坚信人类终将不断由黑暗走向光明，由苦难走向幸福，但他又反对呼唤世界大同和人类一家的世界主义。他总是不能从观念的迟疑踯躅和范畴的对立纠缠中解脱出来。他的一切思想矛盾都可以归结为个体同群体的对立，自由与集权的对立。本想中庸平和，结果陷入不利于自由人权发展的理论黑洞。"五四"运动以后他对自己一生的矛盾症结所在有所感悟。他说："自今以往，若欲举马克思所理想、蓝（列）宁所实行之集权的社会主义移植于中国，则亦以违反国民性故，吾敢言必终于失败"。[①] 这里且不说他对社会主义本质缺乏起码认识而将集权与社会主义相联系，且不说他对社会主义未来发展的预言的准确与否，单就集权一项而言，他的确意识到了集权的弊端。这表明国权主义的重国权轻民权的集权倾向在他生命的最后时期已经发生变化。他自1921年以后不再倡导无情的竞争和厮斗，转向呼唤人间的合作与互助，在理论根基上发生了可喜的变化。遗憾的是他的生命航程太短，他在人权宪政理论上留下的经验和教训只有等待后人继而总结了。

[①] 《历史上中华国民事业之成败及今后革进之机运》。

陈顾远《中国法制史概要》导读
——学贯中西的法学大师

段秋关

中华传统,源远流长,其人文精神,至今弥足珍贵;法治国家,民主富强,其构建创设,务必合乎国情。

对我们来说,传统可称为故旧,法治则是新的目标;虽然温故未必能够完全知新,但推陈出新却是我国走向法治的必由之路。在中华传统文化之中,法律制度的真实情况如何?传统法律又如何转型为现代法律?这是我们必经重视并应该解决的课题。前事不忘,后事之师。因此,法律史往往成为法学的入门学科,中国法制史更为系统习研法学者所必修。

论及中国法制史及其研究,便不能不提商务印书馆1934年版的陈顾远著《中国法制史》,更不可不读中国台湾三民书局1964年版的陈著《中国法制史概要》。前书为中国法制史学科的开山之作,以现代法学立场审视古代法律,阐发其内容与沿革,奠定了法制史研究的框架和基础;1939年陈著《中国法制史》日译本由东京岩波书店出版,结束了中国大学用外国人著《中国法制史》教材的状况,开创了日本翻译出版中国法学著作的先例。后书是前书的

---

* 本文见陈顾远:《中国法制史概要》,商务印书馆2011年版。

重要补充与重新编订,是陈氏从事中国法制史教学与研究40余年的结晶,以其内容简明、水平高超,既把握全面又突出重点而受学界关注,在中国台湾地区长期作为大专学校教材和各类考试用书,在大陆及国外亦是法律学者案头的必备之书。

陈顾远先生既为法学教授,又是法律专家。他出生在陕西,毕业于北大,一生曾在30余所大学任教,主讲中国法制史、政治思想史、现代法学等;在政府工作多年,任"立法委员"45年;著述涉及法制史、国际法、民法、商法、保险法、婚姻法、立法学以及政治学、政治思想史等各方面,著作等身,多才多艺。《中国法制史概要》是其学术的代表作。

《中国法制史概要》由中国台湾三民书局1964年出版。全书分三编:第一编为"总论",有开宗明义、探源索流、固有法系、重要典籍四章;第二编为"分论",包括组织法规、人事法规、刑事法规、宗法制度、婚姻制度、食货制度六章;第三编为"后论",含礼刑合一、今古相通二章。从篇目即可看出其编著用心和体例特点。

读其书,识其人,知其成就。作为陈先生的同乡、同行、校友和晚辈,笔者不揣浅陋,从先生对中国古代法制的现代解读、系统研究、全面考察、深入探析、误区辨正以及卓越建树诸方面向读者介绍推荐《中国法制史概要》(以下简称《概要》),以便认识这位学贯中西、博古通今的法学大师。

一、对中国古代法制的现代解读

法史学的使命是尽可能地反映法律与法律思想在历史中的真实状况,然而如何编著近五千年延续未断的中国法制史,用王朝年代体例还是问题范畴体例？怎样阐述解析其内容与特质，是以古说古、自我中心还是以今释古、参照西方？以何标准或立场对其进行归纳评说，以维护政权为准还是以适应社会发展为据？这些都是治中国法制史者长期争议而又必须确定的问题。陈先生经深思熟虑，以增加知识、了解过去、把握现今、面向未来为目标，以当代大学生和法律工作者为主要受众，以现代法学作为基本的立场和出发点，均采取后者而不用前者，对于中国古代法律制度进行现代解读。

首先，《概要》采取"问题研究法"作为中国法制范畴史。

在上个世纪30年代，随着"西法东渐"，法学研究深入到各分支学科，已有中国法制史的成果面世。薛允升（1820—1901）《读例存疑》、沈家本（1840—1913）《历代刑法考》、程树德（1877—1944）《九朝律考》等，考证史实，驳误存正，是依朝代为序进行的断代研究；杨鸿烈《中国法律发达史》、康宝忠《广义中国法制史》则直接取"法（律）制史"为名，其体例仍按历史时期、王朝兴替排列，其内容基本上是史料的搜集与归类，以符合传统"史学"的要求。陈先生认为，这些均属"时代研究法"，虽能够明确前后沿革，但易写成"流水账"，失之于重复繁琐，不得要领。"与其采时代研究法而失之紊，无宁采问题研究法而得之专"，作为法学专门史，应该把史料搜集与法史研究区别开来，把历史分期与法制发展分别对待，阐述中国法制的主要问题与范畴，此为"问题研究法"。即将中国法制按照"问题"，划分为现代法学的分支部门、范畴进行阐述，如"组织"、"人事"、"刑事"等法规，"婚姻"、"食货"等制度；在每个"问题"中可以按时期顺序进行叙述，但"不应依朝代兴亡为断"。《概要》就是以此体例编著的。

显然,这种研究方法是对西方法学方法的借鉴和引入,陈先生率先用于中国法制史的研究,在当时为创体例之新,在今日的法史著作中仍别开生面。虽然新中国成立后大陆学者多依马克思主义的社会分期论,按奴隶制度、封建制度、资本主义制度和社会主义制度为体例研究法制历史,并取得了骄人的成果,但并不能否定或取代"问题研究法"、"范畴史"体例的优势,近20年来法史教材或著作纷纷采用此方法,表明了它的旺盛生命力。

其次,《概要》对古代的名词概念进行了现代的解说或对比。

例如:关于"法制",陈先生指出其古义为禁令,日本则专指民事、刑事制度;又按现代的理解,认为"法制"是法律制度的简称,其内容有法律和制度两个方面。关于史实史料,先生认为"必须兼备史学法学之知识,采用科学方法处理",如推测之辞不可为信、假设之辞不可为据、传说之辞不可为证,以及学术见解不应据以为史、个人观点不应擅以为史等。关于变法,既指出商鞅变法"结束封建制度,……传其系统二千余年",又造成"法治与君治相混,两千年来君主专制之形成"。王莽变法,"不外以政治力量行经济革命之事",因"迷信周礼"、"效法秦皇"、急切仓促而失败。清末变法,"其变法精神,似倾向于民治主义",虽因皇族亲贵的守旧而未果,但应确认"1902年修订法律馆成立之际,为中国新法统之始页"。关于法系,先生认为,大陆法系"以罗马法为基础",英美法系"以习惯法为法源",印度法系"以阶级制度为其背景",伊斯兰法系"以可兰经典为其依附";中国法系"源于神权而无宗教化色彩","源于天意而有自然法精神",以及古代的"民本思想,只具有现代民有、民享两个观念,并无民权观念在内"。关于国体政体,先生指出,"法制为史,其在'制'之具体对象方面,得从国体(国之组织形态)、政体(政之组织形态)两端而论",周代以前为部落制,西周至秦为封建制,秦代之后为单一国家;同时,"大体而观,自周之衰,为寡头政体,自宋之兴,为专制政体"。先生又据史断言:"中国永为统一国家,此种历久之历史势力,铸入人心,是故外人'两个中国之谬论',不特与天下大势、国际正义不合,且按诸我国历史,亦南辕而北辙也!"关于学校,先生认为,"学校之设,中国向已有之",与现代学校相比,都是教育机构,但性质不同,内容有别;其形式有"国学"亦有"地方学",其内容偏重于道德修养,还有养老、养士的职能,"而非以学为主,更非重视实科。"① 关于婚姻制,先生运用现代社会学方法实际分析后,精辟指出:"中国婚姻制度之发生并其发展,由'婚源'而'婚俗'而'婚礼'而'婚律',亦不外由自然现象而社会现象而法律现象之演变"。关于家族制,先生反复强调,虽然今日已属陈迹,但它在中国社会已有近三千年的历史,"与民族固有生活息息相关","中华民族之固有道德皆化于家族生活中,……就私的关系言,为个人道德之养成处所;就公的关系言,为良好公民之训练基础,对于国家之治理及社会之安定,更大有其帮助";等等。

再次,《概要》将中国法制与西方进行对照或比较分析。

例如:关于中国法系,陈先生认为,早在尧、舜以前便有"五刑之用",应作为中国法系的起点。即使以尧帝时起算,"其即位在西元前2357年,距今(1964年)亦有4320年历史"。退一步说,按照商鞅入秦时计算,"乃西元前365年,马其顿腓列王第二即位之时,距今依然有2322年之历史。……在世界各法系中,则仍具有悠久

---

① 指应用学科。

之历史"。先生又指出,西方的"一个大帝国的建立,往往是文化衰落的象征"现象并不适用于中国,"汉、唐两大帝国之建立,中国文化不特未曾衰落,且更显著",原因在于中国的礼法文化,能够吸收和包容各种因素而充实自身。如今"法学家所说的正义法、自然法、社会法就是中国人所说的天理","习惯法以及经验法则上的事理,就是中国人所说的人情",而"制定法或者成文法"就是中国人说的"国法"①。关于法律法学形式,中国法律表现为"泛文主义",与西方相对照,"说它是成文法系,却因临时设制,有例、有比、有指挥、有断案,殊难为比;谓其近于英美法系,仍因常法俱在,有律、有令、有刑统、有会典,更难并论。总括起来,是成文而不成文,不成文而成文,兼具欧陆法系与英美法系的优点"②。法学方面西方是"神权法说与受其洗礼之法律在先,自然法说与因之而成之法律发生在后,分析法学派之理论与实例又在其次,再经演进而至现代之社会法学派与社会本位之法律";中国"最早当然为神权法,继之而有抽象的天意政治之自然法,法家兴起,秦用其说,俨然分析法学派在中国出现"。而中国法系"与罗马法系以权利为本位,迥然不同",是以"义务为本位";"今日世界法学趋势,已进入社会本位时代。……中国法系之义务本位,因其非如埃及、希伯来、印度法系之宗教化,既有教会之势力存在,而君权又受天道及民本思想之限制,其非片面之义务",所以接近现代的社会本位理论。陈先生又认为中国的天道尤其"天人合一"观念相当于西方的自然法观念,"所谓天道天理乃现代自然法之代名词","箕子所陈之洪范,周易

---

① 陈顾远前揭书,第54页。
② 陈顾远:《中国文化与中国法系》,中国政法大学出版社2006年版,第54页。

所述之变化,皆自然法之原理原则"①,天道观在中国一直长盛不衰,而自然法学派遭遇分析法学重创之后很难振兴;西方的卢梭、洛克、格老秀斯或普芬道夫等自然法学家有的主张民权、有的鼓吹君权、有的强调君民共主、有的依据国际规则,中国无论儒、道、墨家,均以"人"即民意作为本位。关于刑罚的执行,先生指出,"现代各国法律,既定刑之执行犹豫之规定,又有对于大赦特赦亦相当予以承认,俾济刑罚失当之穷。中国向有此种制度,而其用意则在慎刑恤囚,与刑之宥减相互为表里",如"今之称缓刑之语,首见于周礼"。关于财经法制,陈先生认为,古代以农为本,重农抑商,"与现代进入工业化不同,然'不患寡而患不均'之理论,则未尝无一顾价值;'防止强梁兼并'之土地立法,更系今日解决土壤问题之先导。……'不夺民之时,不穷民之力'之观点,正与今日培养税源及不可杀鸡取卵之说为同";等等。

二、对中国传统法律制度的系统研究

法制史是历史学与法律学的边缘学科,作为专门史,应注意时代与社会实际,依据史实、史料及其沿革变化进行研究,即"知人当论其世,论世当知其时,不然即有时代错误,而失史之真实价值"②;作为法律史,应注意其内容与性质特点,阐明其法律形式、体系内容、理论基础及其思想表现,即"有某种文化,形成某种法律。……

---

① 同上页书,第544页。
② 同上,第557页。

由中国固有文化而为中国法系之观察,乃为探本追源之论"。《概要》兼顾这两方面的要求,不仅纠正了商务印书馆1934年本《中国法制史》仅以儒家思想为说的偏向,将中国传统文化作为传统法律的思想基础,而且在范围上将法与制结合起来,在内容上将制度规定与思想学说结合起来,在特征上将性质效果与价值趋向结合起来,进行系统的研究分析。

首先,确定"法制史"广义范围,进行系统研究。

陈先生强调应该明确中国法制史的研究范围。虽法史著作或教材有采广义,有取狭义,"然广至何种程度,狭至何种界限,各家选材,亦难一致"。如有的教材,按照狭义要求仅以历代法典为限,但却"将法家思想与之并列,则狭而广矣";先生的商务本按广义范围虽然标题为政治制度、经济制度,但内容只限组织法规与财经立法,"则广而狭矣"。出现这种体例与取材的混乱或表里不一的主要原因,在于对"法制"二字的理解不同,观点各异。因此,《概要》开宗明义,先回答"何为法制":"简言之,法制即法律制度之简谓;详释之,则有'法律化的制度'及'法律与制度'之别。古人对此解释有狭有广不一,今人对此认识有简有繁各别";先生坚持广义法制的立场:"与其狭而失偏,不如广而得全"。[①] 同时重申了从现代法学角度对法制概念的明确定义:"为社会生活之轨范,经国家权力之认定,并具有强制之性质者,曰法;为社会生活之形象,经国家公众之维持,并具有规律之基础者,曰制。条其本末,系其始终,阐明其因袭变革之关系者,是为中国法制之史"。

这显然是陈先生的创见。在20世纪,无论是30年代或者60

[①] 陈顾远:《中国文化与中国法系》,中国政法大学出版社2006年版,第559页。

年代,无论在大陆或者海外,都罕见这种将"法"与"制"分别定义,同时又将二者结合起来,从形式与内容、表现与本质、萌发与衰落、因袭与变革等方面进行研究的模式。有鉴于此,在1934年商务本《中国法制史》出版之后,陈先生曾经设想以总论、政事法、民事法、刑事法、民国法制的总框架,分五卷重新编著中国法制史,但终未实现;后来接三民书局约稿,又"受《概要》为名之限制",考虑到教材的内容不宜太多,遂形成现在的体例内容。先生对此深以为憾,我们也为之惋惜。

其次,将制度规定与其思想观点结合起来,进行系统分析。

这是陈先生的又一创见。虽然法制史与法律思想史为二个学科,但同属法律史学或法律文化学;在现实中,二者相互影响,密不可分。中华法系的标志性成果——《唐律疏议》便是二者结合的典范。然而,作为专门史,从梁启超、沈家本,到程树德、杨鸿烈,都是将二者分别阐述的。尤其在大学教学中,作为两门课程,又促成了二者"井水不犯河水"的截然相分的关系,从而影响、限制了对法史系统性和真谛的把握。

陈先生认为,从史学的视角看,制度是思想的表现与标志,而思想为制度的源本或摇篮;从法学的角度说,"理论诚为事实之母,经验亦为理论之基",法史研究应该理论与经验同时并重,不可偏废。因此,探明法律与制度的源流、内容和演变,洞悉法制的思想基础与精神,"为中国法制史之要端"。在《概要》中,陈先生既以礼、刑、律、令、典、格、例、式等史料为依据,又引证孔丘、孟轲、荀况、董仲舒等儒家,李悝、商鞅、韩非、李斯等法家,郑玄、马融、杜预、张裴、长孙无忌等律家,以及王安石、张居正、丘濬、沈家本、张之洞、孙中山等思想家的著述进行论证,以求对古代法制的系统把握。正是这样将制度史与思想史的研究结合起来,陈先生得出了"中国法系之体躯,法家所创造也;中国法制之生命,儒家所赋予也"的结论;并强调"礼刑合一",是"中国法制史之缩影";认为探明"法与刑"演变和"法与礼"结合的根本原因,是中国法制史学者必须重视并加以解决的问题。

再次,将法制史研究纳入传统文化系统,进行总体性概括。

为了"探本追源",陈先生强调:"论及中国固有法系之基础所在,即不能不提及中国文化";"中国法系为世界各大法系之一,其存在、其形成、其特征,皆与中国文化有关。外人或有误解,国人应知底蕴"。他主要从传统文化怎样影响古代法制、中国法制又如何反映中国文化两方面进行论述。一方面,以"天下为一家"与"和合共生"为本质特征的中国文化,决定了中国法系在本土历经数千年而不衰,对域外周边地区产生重要影响并能为其继受。另一方面,法律制度本身亦与文化相融合,成为中国文化的一部分,从而与其他法系相比,具有"一帜独树之特质与卓尔不群之精神"。并依此为"中国法系简要造像","透视"其本质,揭示其核心精神,"素描"其表现特征。

《概要》认为,中国法系是农业社会的产物,"中国固有法系之法律,一方面无论刑或礼之起源皆在四千年前,且经过神权阶段,然而并未留下宗教色彩;一方面迅速跃过神权法时代,即与自然法发生不解之缘";而这一过程,又完全是在中华本土的范围内,在没有受到外来影响的环境中完成的。正由于中国传统文化坚持"人本",未形成以"天主"或"上帝"为主宰的宗教及其信仰,所以"人文主义"成为传统法律的一大思想基础。又因为儒家"天人合一"观念的影响,"天意"实为"民意","天理"实为"民心",使得国法与天理、人情结合起来。陈先生认为儒家的这一观念,与道家的"道法自然"观念、墨家的"天志""兼爱"观念,均具备西方自然法思想因素,并称其为中国式的"自然法"观念。以此为基础,造就了传统法制"天下为公的人文主义,互负义务的伦理基础,亲亲仁民的家族观点,扶弱抑强的民本思想"这"四大精神"。

《概要》指出,在中国文化的熏陶之下,传统法制"始终把握人文主义、民本思想而不曾松懈一步",所以将天理、人情、国法同时并重,具体表现为礼教中心、义务本位、家族观点、保育设施(抑强扶弱)、崇尚仁恕、减轻讼累、灵活其法、审断有责等"八大特征"。先生后来在其《中国固有法系之简要造像》一文中又缩减为六大特质:其"神采为人文主义,并具有自然法之意念",其"资质为义务本位,并具有社会本位之色彩",其"容貌为礼教中心,并具有仁道、恕道之光芒",其"筋脉为家族观点,并具有尊卑歧视之情景",其"胸襟为弭讼至上,并具有扶弱抑强之设想",其"心愿为审断负责,并具有灵活运用之倾向"。

先生之论,虽为一家之言,但在当时却厘清了不少学界的误解或忽视,时至今日,仍须关注。相比而言,法史著述之中,从体系结构、概念范畴、执法司法等方面总结中华法系性质特点的学者不少,但像陈先生这样将其与思想文化结合起来进行提炼概括的尚不多,而能够做到既揭示本质灵魂又兼顾表现形式进行论证的尤为少见,因此更显珍贵。

三、对古今法制沿革变化的全面考察

众所周知,中国是具有近五千年未曾中断的历史的大国,有其未曾中断的、自成体系的法律制度和传统。五千年来,时代延续似川流不息,王朝更替如沧海桑田,有关的史实、史料堆积如山,令人望而生畏。对于法史学者来说,如何把握这个"传之未断,统而不乱"的法律体系,怎样认识这种"有分有合,有存有废"的动态过程,其中有无规律可依、线索可寻?都是必须面对而又不易解决的问题。

陈先生认为,"时代演变,事之常也,历史叙述,莫非变也",应该以古今法律的演变为着眼点进行研究。在研究中,一要注意源与流、主与次之间的联系,二要重视具有根本性、全局性变化,三要把握变化的原因和依据,四要关注变化的宗旨与目标。前两个方面即先生所强调的"条其本末,系其始终",重在阐明演变的过程与方式;后两个方面即先生所谓"变中之不变者",重在揭示演变的内容本质。在《概要》中,先生不拘泥于具体制度或规定的细致考辨,而是高屋建瓴,先对中国法制从形成到蜕变作简要的时期划分,然后在全面考察传统法制的基础上重点探讨其根本的、关键的变化,即:"但舍一法一制之变,而就整个的中国法制史言之,其变有三种,此并非别于各种法制之变而独立,实乃各种法制变之所本也";"中国法制之史的变动,最重要者为变法之变,律统之变,法学之变"。

首先,对传统法制的发展阶段进行新的划分。

在历史研究中,学人多因循《汉书》及二十四史惯例,按照年代顺序、王朝兴亡作为历史分期的依据;马克思主义史学则以原始、奴隶、封建、资本主义、社会主义等社会形态作为历史分期的臬圭;至今,法史研究亦多沿用此方式。有的学者意在突出"法制"内容,从"法学"立场出发,将中国法制史分为萌芽、成立、发达、变革、修明、进化、颠沛、完成等"八个时代";有的以律典刑书为依据,分为创造、因革、完成、沿袭、变动"五个时期"。

陈先生认为以王朝兴替为序与按社会形态分期均不适合法史学科:"自班固以来,断代为史之法列于正宗,于是一姓兴亡之事迹,遂成今人治中国普通史或专门史划分阶段之普遍标准"。这种分期方法弊端有二:一是只见史料,难知史实,所谓"详则不啻搬运史料,徒觉繁复取厌;简则亦难提要钩沉,无由知其原委"。二是叙述重复,不得要领,所谓"历代法制彼此相因之点,密密相接,如环无端,实居其大部分。……依朝代而横断之,究不知其一代之别于他代者何在?"因此,他赞同以法制本身作为分期依据,把握"专门史之制作,尤其中国法制史"的要求,按照"会通古今,得知源委,明事物之沿革,序法制之变迁"的宗旨划分时期。

在对法制发展进行分期时,陈先生又强调三点:一是紧紧把握"中国法制变迁"的主线,以"变革"分"延续";二是"不应专依或种标准而言中国法制之变迁",因法制史不同于政治史或经济史,甚至有别于法律思想史,所以不宜套用其他学科的划分标准;三是"不应偶依个人主观而述中国法制之变迁",认为上述"八个时代"或"五个时期"所依据的主要是个人见解或学派论断,虽可为一家之言,但不能据以为准。由此,陈先生提出了自己对"中国法制经过之阶段"的划分:

"第一阶段暂起于殷而终于战国,可称曰创始期",包括殷商、西周、春秋时期,以"礼与刑"为主,战国时开始转型。陈先生指出,"暂起于殷"是因为殷商之前的历史仅为传说,"以后于殷之上发现真实史料,亦可推而远之"。"第二阶段应起于秦而终于南北朝,可称曰发达期",包括秦创立统一法制,汉晋相承,至南北朝开始转变。"第三阶段始起于隋而终于清,可称曰确定期",包括隋唐集前代法制之大成,宋、元、明、清承继唐代法制,至清末开始蜕变。"第四阶段则自民国起,或自清末壬寅年(1902年)起,可称曰变革期",主要指"一变中国旧日法制之面目与精神,而与世界各国以俱新也"。陈先生反复说明,这仅是他治中国法制史的心得,并非定论。关于分期问题,学界仍在争议之中;"况广义中国法制史,内容广大无限,每一阶段是否能皆包括之,亦成问题",需要继续探索、研究。

其次,法制体系与内容的"变与不变"。

我们知道,从西周"礼治"到法家"法治",再到正统儒家的"礼法合治",是中国传统法律文化"演进"的历史轨迹。陈先生也从"演变"的角度对法制沿革进行文化考察,认为自古及今,作为中国文化的组成部分,中国法制受思想文化的支配曾出现三大变化:法律制度最先由法家对礼、刑的改造而创设,第一次变化在汉代以后,"以儒家思想为灵魂,儒家既借用法家体躯,完成中华法系之生命,是中国文化之一变也"。第二次变化的标志是宋明理学的形成,正统儒学吸收融合了道家学说和外来的佛教思想,构建了自然、社会与人生,天理、人情与国法"三位一体"的思维模式并渗透到社会各个方面,即"东汉佛教传至中国,唐代又崇奉道教,演变而为宋明理学,社会礼仪,受其熏陶,循吏用法,蒙其影响,是中国文化之二变也"。第三次变化是国门打开,"西法东渐",西学输入,古代法制向现代法制转型,即"明代西学输入,清代门户开放,最后变法倾向其制。"思想方面表现为孙中山"内承中国之固有文化,外有采各国之进步学说,……是中国文化之三变也"[①]。

[①] 陈顾远:《中国文化与中国法系》,中国政法大学出版社2006年版,第548页。

值得强调的是,陈先生从文化变迁角度叙述法制演变时,着眼于"融合";而具体阐述法制沿革时,又以"变动"作为着眼点。《概要》以"从变法上言其变"为专节,论述了中国法制的四次重大变动。先生认为,中国历代法律虽然均有变化,但是具有"法制"意义的屈指可数。应该依内容、性质、效果及对后世的影响确定"重大"与否,而不以"成败"或变法者的"名声"为取舍。同时,盛世的法律并不等同于重要的"变法",如"唐之法制,虽上集秦汉魏晋之大成,下树宋元明清之圭臬,此不过中国法制之确立阶段,其精神则乃秦汉之续",可属文化变动,不宜计入"变法"之中。由此,"得知中国法制之最大变动,不外秦也、莽也、北宋也、清末也"四次变法;其中"秦代变法与清末变法,乃中国法制史上最显著之两大变动"。先生指出,秦代变法的意义,在于"结束封建制度,使中国之律统有所创立";秦虽速亡,但汉承其制,造成"数百年有秩序之发展,且递次传其系统二千余年",都应"归功于秦之变法"。西汉王莽变法,"偏于经济革命,使中国之法制一现异彩","其变法之精神,似倾向于社会主义";虽然变法未能成功,但先生认为中国在公元9年时出现了以"经济改革"为内容的"变法改制",是值得重视的。宋代王安石变法,全面"实施社会政策,使中国之法制再留奇迹","其变法之精神,似倾向于国家主义";陈先生认为,王安石用人不当,实施不力招致新政受挫,身败名裂,"后世言政者且以安石为戒,而其新政之精神则实振往古、惊后世,在中国法制史上固有其光荣地位与显著成绩!"清末变法,开启了中国法律现代化之门,"兼采西制,使中国之法律开其新端","其思想远承于黄(宗羲)黎洲之鼓吹,其行动发于康有为之第一次变法,其结果继续于民国成立";当时虽未见效,但其影响深远。

在论证"变"的同时,陈先生还从全局出发,关注"变中之不变",即"万变不离其宗"。他认为,在中国法系的框架内,法制的"任何变动均莫离乎其宗,最大变动之中仍有不变者在"。这种"不变"或"共性",从总体看,农业社会的环境未变,受传统文化的支配未变。具体的说,表现在两个方面:"一曰法虽变,但有一中心势力未变",即儒家的影响未变。中国传统文化的理论基础、中国古代法制的核心精神是儒家思想及其学说,中国法系由其决定,重大变法受其制约。秦代变法,虽依法家思想用官僚等级取代血缘等级,但在区别等级、维护君权方面与儒家是一致的;法家的"循名责实"与荀子"定名分"亦同出一辙。王莽照搬《周礼》,王安石推崇"王道",清末"礼教派"亦居上风,都说明了法制的"每一变动均与儒家有其关系"。"二曰法虽变,但关于历史上之势力未变",即前后延续承继,基本的目标、框架、方式未变,而且历史愈久,影响愈大。陈先生指出,如商鞅改法为律,所据《法经》,其本身亦是春秋各国法令的集合;王莽的"六莞之令,实不外汉武帝榷盐铁之续";宋代变法,号称恢复古制,但其青苗法、保甲法实际是宋初《常平法》、《乡兵制》的变种,等等。可见"传之未断,统而不乱",有承有革,逐步完备,正是中国法制演变的路径。

再次,"律统"之变与"法(律)学"之变。

《概要》以独特的视角,阐述了中国古代刑事法和刑事法学的演变、发展过程。先看"律统"即刑事法之变,陈先生指出:"中国法制之在昔,除礼之外,以律为主","律虽不必皆在每代中占优势之地位,然其蜿蜒起伏之路线,自秦以未尝断也"。如果以李悝《法经》作为中国刑事法典的开始,那么商鞅携《法经》相秦,改"法"为"律",则"创立中国二千年之律统"。"律统"的首次变化是汉魏,既承秦制，又改秦法，形成《晋》律；第二次变化为南北朝，南朝承《晋律》，北朝采《汉律》，而有《北齐律》折衷综合，"继之为隋开皇律、唐律"，呈现出变中有承有合的轨迹。第三次变化见之于明律、清律；"自唐以后，称律统一贯时期"，五代、辽金皆沿用《唐律》，宋刑统元《条格》皆未出《唐律》范围，"到了明朝，中国过去的古律，大半都已佚失，只有唐以后的刑书还保留着"，所以成为《明律》的蓝本。《清律》因袭《明律》而成。明清律形式篇目与《唐律》不同，故称为第三次变化，但"其内容所损益者甚微，唐律之精神依然保存未失"。

再说"法学"之变。《概要》所称"法学"，系指对"明刑饬法，正罪定罚"的"法理"探讨与"条文"整理，因最早是战国的法家主张，所以称其"法学"，实际同于现代的刑事法学。陈先生特意强调，这种"纯正法学之在中国，严格言之，后代未曾有也"；汉代以后所"有之，则为儒家法学，及历代参与律事者之律家而已"。《概要》指出，中国自古代直至清末，对"法"理的探讨仅限于战国时期，以法家为主体，并盛于一时。其内容涉及到"法"的公开性、平等性、客观性、进化性、统一性、安定性、强制性等各个方面；并认为，"凡此，较诸今日欧西之法学殊无多让，惜其所说，皆偏重于法律之形式方面，而疏于法律目的方面"。汉代之后律学昌明，著述层出不穷，是当时立法执法司法的经验总结。隋唐时期亦重视律学，但只维持正统，不准争议，可称之为仅"明律"而不"言学"；宋元明清，律学继续"衰微"，形成"刑为盛世所不能废，亦为盛世所不尚"的尴尬处境。陈先生感叹道：由于儒家思想成为正统，致使"法家之学固早衰微，律家之盛亦难恢复"，"更难望及士子之论法立学"；"此种衰局，直至清末变法，始见转机，顾其经过已千百年矣"！

四、对中华法系精神与特征的深入探析

比较法学家依照各自的标准将世界各国的法律制度划分为不同的类型,并称之为"法系",学界公认,中华法系是其中之一。在《概要》及其他著述中,陈先生称中华法系为"中国固有法系"或"中国法系"(在1966年之后则直称"中华法系"),并运用比较方法进行专章论述。先生将中国法系置于中国文化的背景中进行考察,对其作"简要造像"、形成过程与结构分析、本质界定与特点概括、历史作用及与现代的对接、与西方对照及精神、价值评说等,并从其与法家思想、儒家学说、天道观念、家族伦理等的关系入手,进行深入剖析论证,提出自己的见解。

首先,对中国法系的文化考察。

陈先生的观点主要有:其一,应该从文化角度观察中国法系,"论及中国固有法系之基础所在,即不能不提及中国文化,由中国固有文化而为中国法系之观察,乃为探本求源之论"。其二,中国法系在本土独立形成,是中华民族创设的。因为"中国文化创自本土"并"独立发展",即使外族侵入仍"坚立不拔",从而一直决定并维持着中国法系。其三,以形成过程看,"中国固有法系之创始,不能不归功于法家,中国固有法系之形成,不能不归功于儒家";其关键是把握刑、法与礼的融合和"礼刑合一"的结构。其四,中国文化"天下一家"的宽宏大度和"仁爱和谐"的和平共处精神,造成了中国法系融合他制他说而自成体系,又对周边产生重要影响。其五,在本质方面,中国法系受中国农业社会文化的熏陶,与其他法系有

所不同,它既"无宗教化色彩",又"有自然法灵魂"。"因无宗教化法律,早即重视人情;因有自然法灵魂,早即重视天理。国人今日仍以天理人情国法并称,可知此种意念之深。"其六,中国法系以"人文主义"和"民本思想"为宗旨而表现出"八大特征",对此"不能完全以今日之眼光批评其优劣",应该强调,它是"为适合当时之需要而产生"的,反映的是当时的社会条件和民族精神。其七,要建立中国新的法系,若仍持"中国本位",则必须从国情出发,"不必另起炉灶","实际上就是中国固有法系的更新重建,仍然与中华民族所表现的中国文化一脉相承。"①

其次,中国法系的核心精神与价值取向。

《概要》中的目的论、固有法系、家族制度以及礼刑合一等章节都论及到这一问题,为了"钩玄提要",陈先生又撰写专文进行论述,并以"从中国法制史上看中国文化的四大精神"作为题目发表。先生认为,中国法系体现出中国文化的人文精神、伦理精神、家族精神和民本精神,反映出天下为公、互负义务、仁民爱物和扶弱抑强的价值取向。其一是"天下为公的人文主义"。先生指出,生活在黄河流域各大平原的中华民族"胸襟阔大","养成泱泱大国的气概"。农耕文化注重人事的勤惰、智愚与经验,"促进了人文主义的抬头",提倡以人为本,以圣人、贤者和君子为榜样或目标,成为"修身齐家治国平天下"的前提与条件。"法制有其统一性,自易受其影响",能够兼容并收。因此,中国法系得以融合天与人、国与家、礼与法、儒、道、佛三教、域内与域外等各种因素,采纳多种法律形式,利用教化、引导、强制、惩罚多种方式,体现了"以人类幸福为范

---

① 陈顾远:《中国文化与中国法系》,中国政法大学出版社2006年版,第32页。

围,以天下为公为居心"的人文价值。其二是"互负义务的伦理基础"。先生指出,伦理属道德范畴,在古代又成为法律的内容,这并非中国法制的缺陷而正是优点之所在,"今后既应如此"。儒家伦理在法制中表现为"礼教中心",在行为上应遵循"忠恕之道"。尽己谓忠,推己谓恕;"求其在己,而不责于人,可说是以义务为本位"。这种义务不是单向或偏向的,而是"在人伦之序方面重视其相互间所负的义务",强调"君礼臣忠,父慈子孝,夫良妇顺,兄友弟恭,朋友有信",构成了双方义务的伦理基础。其三是"仁民爱物的家族观念"。先生指出,在中国,无论政治、经济、民生或者法律,"都与家族制度结了不解之缘",如政令以家、户为依据,赋役以家、户为单位,考选以家世为标准,婚姻、丧葬以氏族亲疏为条件,财产分割、继承以嫡庶亲等为准则,族诛、缘坐则将家族关系直接用于科刑。在国人看来,"家族不外国家的缩小"、"个人的扩充",而"国家不外家族的扩大,互为体用,不可分离"。天地、男女、夫妇、父子、君臣、礼义、法制之间是明确的先后承启关系;忠、孝、仁、恕均"出于人性,本于人情","天下为公必须从家族做起";传统的"仁民爱物"便是这种家族制度的观念信条。其四是"扶弱抑强的民本思想"。先生指出,"民主思想源自泰西,民本思路创自中国,在历史上彼此各有源流,各成体系"。古代的"民本",意在强调民众的重要性,对国家来说,拥有民众、取得民力是根本;对君主来讲,注重民生、获得民心是根本。陈先生认为,"民本思想是由天治观念中蜕化而来",是与"君治观念"并存而又对其进行补充的一种思想。它在政治方面促成了反对暴君苛政的"开明君权",在法制方面则表现为各种"保育立法"与"政策"。保育法律的宗旨即扶弱抑强:"抑强以求其平,扶弱以见其公"。例如官吏犯法皆从严治罪,尤其严惩贪赃枉法的行为;土地方面打击强梁兼并,商业方面禁止财富集中;关注贫苦民众及妇孺儿童,轻罪不究,刑罚从减等。

再次,中国法系的结构特征。

世界各大法系,均有其构成特点,如大陆法系的公法、私法体例,英美法系的普通法、衡平法体例,伊斯兰法系的神权法、人定法体例等。陈先生认为中国法系是礼制与刑(法)制的统一。从形成过程看,表现为"法家造就其体躯,儒家赋予其生命";从法律形式看,表现为成文法与不成文法并存,礼书与刑书并用,依律定罪与经义决狱、罪刑法定与君可擅断并行;从内容性质看,政事法、民事法、刑事法、程序规定与经济规范均各有所本,并表现不同。由此,陈先生不同意当时国内外学人对中国法系诸如公法多私法少、繁琐散乱而不成体系,以及"有人治无法治"、"有刑事法无民事法、政事法"等批评,认为这些说法有的是不了解中国实际的臆断,有的是仅就史学或法学立场观察的偏见,有的则是"以今废古",用"现代之眼光"和标准苛求古人。先生强调,"古今相通",对西方制度学说不能"生吞活剥",全盘照搬;对古代法制与思想亦不能彻底抛弃,全盘否定。应该以了解过去、把握现在、预计将来的态度,"根据中华民族在现阶段和其未来的需要","对于中国固有法系有一番精密的研究检讨",重新评价。中国传统文化和中国法系本来就具有包容性、变革性,儒家尚能借法家之"法",创设礼法新制,今人为什么不能借欧陆之法使"中国固有法系"获得新生呢?

五、对中国法制史的误区辩正

古往今来,人们从各个角度认识、理解或表述"法"或"法制"这种社会现象,形成了对法的基本认识。中国古代法制形成于本土,很少受外来的影响,所以古代中国人使用自己独特的语言、文字、术语和范畴进行表达,与西方的法律概念有别,与今人的理解亦不同。

很多人以今释古,以为只有称为"法"、"律"的规定才算得上古代的法律,而古代的法律均为"刑"或只有刑法;甚至有人以西方或现代法制为标准,断言中华法系的特征是"诸法合体",或者"中国法制史只是中国刑法史"。陈先生强调指出:"世人对于中华法系之认识每多误解,以为律统、刑书、刑官之类,乃中华法系之应有面目;而不知礼书、礼制之中,更有一大部分属于中华法系之领域",又"如谓中华法系民事、刑事不分,如谓中华法系道德、法律混淆"[①],等等。

陈先生分析了产生"误解"的原因,从客观方面讲,在于中国法系的"历史最悠久,存在最广泛,而内容又最充实、最复杂"。因其历史长达五千年,所以难免顾此失彼;因其范围广泛,所以很难全面观察;因其内容复杂,所以常常出现以假充真、以偏概全、以讹传讹的现象,造成了中国法制史研究的诸多误区。从主观方面看,或者出于立场,或者由于方法,而"一般人对中华法系的误解,乃是只

---

① 陈顾远前揭书,第54页。

见其偏不见其全所致",其中既有"古人之误"的遗留,也有"今人的主观"或一知半解的新论。① 对此,先生考证史料,依据史实,专题论证,有针对性地进行质疑、反驳、厘清、辨明与纠正。诸如:

关于"礼即道德"。在古代,礼是一个含义笼统、使用广泛、包容量极大的概念,也是今人最容易将它与道德相混淆、与法律相对立的概念。但它作为中华法系的核心范畴,贯穿于中国古代法制的始终。礼自周代确立,虽经春秋衰落、战国崩溃和秦时禁绝,但自汉中期复兴之后便一直稳居正统地位。它被视为天、地、人和国、家、民的"纲纪",虽然否定者责其为"乱之首",尊崇者赞其为"治之经",但都认为它是判定国家治、乱的重要依据。礼的表现形式,多样化而不统一,有时为思想言论,有时为制度条文,有时为容貌举止或生活仪式,但它的本质要求或基本原则却始终如一,即一直作为中国古代社会主要的行为规范、思想原则和判断标准而存在。

在《概要》及其他著述中,陈先生基于"礼"与中国法制的关系,明确提出自己的见解:

礼在性质上既是古代道德原则又是法律规范,既不能将古代的"礼"与现代的道德或法律划等号,也不宜将礼仅仅视为古代的道德。所谓"我国往昔数千年间,特别重视礼,……成为社会生活的统一规范,成为深入人心的合理信条,自天子以至庶人,一切人事上的关系无不以礼是归。虽然没法之名,但在实质上却是最广泛的法律,而为典章制度、风俗习惯所由成立或形成的基础"②。在内容上,古人以"德法"、"礼度"称呼礼所包含的法律。"往昔除刑

---

① 陈顾远前揭书,第12页。
② 同上书,第54、319页。

律外,法多归之于礼,尤以民事准绳,非礼莫求";政事法规,初期"尽在礼中",后来部分入"典";"以军礼同邦国,又涉及外交军事方面之法制"等。在地位上,礼所体现的法律,往往是根本大法;礼所强调的原则,又成为立法的指导或司法的准则。"国人今日仍以天理、人情、国法并称",而此三者均"与礼有关",即"礼"为其主要内容。

总之,陈先生提醒学界学人:一者,礼是一个范围广泛、内容复杂的概念,古人在运用时并未像今天这样作出道德、法律或政治领域的划分,切不可望文生义或先入为主。二者,在现代社会科学的用语中,很难找到与"礼"一致的范畴或概念,以致在翻译成外文时常发生无对应语词的困难,所以不宜简单地从现代汉语或西方概念出发去套用。三者,"礼"中确实包含了法律和法律思想,而且具有浓厚的、显明的中国文化特色,反映了中国传统法制的义务本位特点。四者,将"礼"纳入法律制度和法律思想中考察分析,不仅可以加深对中华法系内容和特征的把握,而且能够纠正断言中国古代"诸法合体"、"民刑不分",或者只有"刑律"、没有民事或政事法律等误读误解。这确属一言中的之论!有鉴于此,笔者将"礼"喻为打开中国法律史之门的钥匙。①

关于"法即法律"、"律即法典"、"刑即刑法"。如果视"礼"为开启之钥匙,那么"法"、"律"、"刑"则是中国法律史门上的几把大锁。由于现代汉语仍然用法、法律来表示具有国家强制力的、以权

---

① 这仅是笔者对陈先生观点的概括。受先生启发,笔者亦对礼与古代法制、法律思想的关系进行深入探析,详见拙著《新编中国法律思想史纲》,中国政法大学出版社2008年版。

利和义务为内容的社会行为规范,所以今人容易习惯地将"法"与"律"、"刑"视为中国古代全部的法律。陈先生指出,"古人对法之范围,并不限于刑于律而已",而"世人对于中国固有法系之观察每以刑制刑官刑书刑狱为中国法系之本体所在",属于误解。

《概要》认为,在中国古代,是先有礼与刑,而后起法与律,它们都有今日法律的含义,但又不完全等同。"刑为苗民所创,而我族袭用",包括"五虐之刑"与"流鞭扑赎,甚至于画像示辱",是中国最早的不成文的刑罚规定;当时其他的制度在不成文的"礼"之中。"法"本来仅是一种判断与惩戒方式,春秋之后被赋予新的性质,"法之本义为刑,法之别义为常",即"法"是成文的、普遍适用的刑罚制度。法家把"法"扩充为所有制度和治国方略的代名词,"将一切规范认之为法",以取代儒家的"礼";同时又用"律"来专门表示定罪量刑方面的制度与规定。所谓"法家既知法之含义甚广,刑书只系法之一部分,绝不能泛称为法;所以商鞅受法经以相秦,遂即改法为律"。因此,虽然法家在中国历史上最早用"法"字来概括国家制定的行为规则,"法律"二字作为一个专有名词使用也是从法家开始的,但是还应注意,法家之"法"与现代的法律概念之间仍有不少差距。法家不仅用"法"表示行为的规则,而且还多用来表示他们所主张的统治策略与方法。"法"有广、狭二义,广义之"法"泛指一切制度,所谓"变法"、"壹法";狭义之"法"即刑罚的规定,与现代刑法的内容相类似,但还包括赏施规定,比"刑"的范围更大一些。陈先生指出,古代的"律统创于秦,已成定论",主要内容为刑事法,但秦汉之律,尚有"正律"(九章律)、"副律"(傍章律、越宫律、朝律)和"杂律"之分,可见其内容不仅仅是刑法,还有行政、朝仪、户籍、营造等方面的规定。魏晋之后,"律"才成为刑法典的代名词,而刑事方面还有令、敕、例、刑统等法律形式。

总之,古代的"刑"即今语的刑罚,"刑书"同今日的刑法。古代的"法"含义较今语法律广泛,相当于广义法即一切制度,但却将礼制、德法等民事法、政事法排除在外。而"律"指刑法典,却不包括刑事单行法规,不包括民事法律,更不代表全部法制。因此说"法"、"律"、"刑"是中国的古代法律尚可,强调中国古代的法律仅是"法"、"律"、"刑"则误;运用文字学、文化阐释方法探究"法"字的本质为"刑"则是,断言中国古代只有刑法没有民事、政事等法律则非;以"律"为据分析中国古代刑法典的结构、特点固然无可厚非,但认定"诸法合体"是中华法系或中国古代法制的特点却属虚妄之论。[①] 这是治中国法制史者必须辨明的。

关于"道德与法律不分"。由于礼是古代道德与法律的混合体,法家之法又对立于儒家之礼,容易使人将礼等同道德、将"法"视为法律。陈先生指出,"中外学者,每根据唯法主义的理论,认为中国过去法制、法律与道德不分,是中国法系的最大缺点,致难与近代各国法制比美云云。这不啻进而浅识了为中国法制来源的中国文化的价值,自应对其误解予以澄清"。[②]

《概要》认为,只要如前所述准确把握了礼、法(刑)的性质,便知中国古代实际上是将道德、法律区别对待的。中国法系将天理、人情与国法相结合,把属于道德的天理、人情与国法并列,可见中国古代正是在将道德与法律分开的前提下,按照立法、执法、司法、

[①] 详见拙文"中国古代法律与法律观略论",载《中国社会科学》1989年第5期,拙著《新编中国法律思想史纲》,中国政法大学出版社2008年版。

[②] 陈顾远前揭书,第55、319页。

守法等不同需要,又将二者结合在一起。中国法系"八大特征"中的礼教中心、义务本位、家族观点、崇尚仁恕、扶弱抑强便是这种结合的主要表现。先生指出,从理论上分析,"道德与法律的关系乃一个本质两个概念,国家社会需要道德而为治时,便归之于道德;需要法律而为治时,便归之于法律"。从现实中考察,"各国均如此","学者预测第21世纪的法律当为新自然法时代,所谓自然法,其内容实为与道德有密切关系";"今后既应如此,又何独罪古代"?[①] 陈先生强调,应该关注的并非是中国法制将道德与法律结合在一起,而是以礼教为中心所形成的法律制度礼教化及"明刑弼教"原则,是与"权利本位迥然不同"的人伦"义务本位"及"互负义务"原则,是以家、家族作为基本单位与权利主体的处理政事、民事规范与司法原则,是"仁恕之道"在法制中的"三纵"(减、免、赦刑)、"三赦"(赦幼弱、老旄、蠢愚)、"三宥"(不识、遗忘、过失从轻)、"八议"及"原情定罪"原则等。这些规定、原则或制度,反映了中国古代法制的显著特点,然而其是否能适应现代的需要,还应该慎重地对待。

关于"诸法合体","民刑不分"。如上所述,出于对礼、刑、法、律的误解,便会得出中国古代民刑不分或诸法合体的结论。陈先生从对中华法系全貌的整体考察出发,指出"一般人谈起中国固有法系,总是想到汉律、唐律、清律方面去,尤其外国学者对中国法系的认识是这样的。因而不少人说,中国过去只有威吓性的刑罚,没有法治可言";"又有人说,儒家是主张德治、礼治和人治的,是反对法治的";这都"是重视刑而忘记了礼,甚或仅仅重视了律而忘记了

[①] 陈顾远前揭书,第55、319、350页。

其他的刑。第一个原因是以古人之误而忽略了礼的部分,第二个原因是本于今人的主观而忽略了刑的全部"①。为此,陈先生在《概要》出版之后,又撰写《从中国文化本位上论中国法制及其形成发展并予以重新评价》一文,对此种误解专题反驳,进行纠正。他认为,从法律的形式及性质看,中国古代法制不是"民刑不分"而实为"民、刑相分";从法律的制定与法典的编纂看,古代法律体系不是"诸法合体"而恰为"诸法分离"。

先说"民刑相分"。先生从实体法与程序法两方面进行分析:"就实体法意义"而言,所谓"民刑不分,则非事实问题,乃学者之错觉问题"。刑属刑事法,而民事法在礼,自西周开始礼与刑就分属两个领域,"出于礼"方能"入于刑";秦汉之后,规范财产、户口、婚姻、继承等民事的礼,更与作为刑事法或刑法典的律并行不悖。先生指出,"这个为古代政事法、民事法所在的礼,在秦汉以后,也有一部分渐次以成文法的形式出现",如西汉的《汉仪》,唐、宋存事制的"令",历代树体制的"式",明、清的《教民榜文》与《赋役全书》,均是"与礼有合"而"与刑无关"。"就程序法意义"而言,所谓"民刑不分,即否认讼狱有其划分"。早在西周便有"争罪曰狱,争财曰讼",将刑事、民事争执区分开来;历代的民事纠纷多由乡规民约、家族法规以及囊括国家制度与民间习惯的礼来调整处理。虽然古代没有刑诉、民诉的明确立法,刑、民案件亦由一个衙门审理,"但无论如何,两事在历代每有管辖或审级不同,各有诉讼上之相异"②。我们今天怎么能将这些法律制度排除在古代法制之外呢?

---

① 陈顾远前揭书,第55、319、350页。
② 同上书,第55、319、350页。

又怎能无视这些史实而言"民刑不分"呢?!

再看"诸法分离"。先生认为,中华法系在立法体例和编纂形式方面的特点表现为"泛文主义",即形式多样、内容繁复,并非世人或外人所言的仅有律典,"诸法合体"。一者,从"整体观察",中国古代法制由礼包括的民事法、刑律代表的刑事法、令典标志的政事法,以及民约家规习惯法等所构成;除刑制刑书外,还有礼制礼书、政令政典、乡规民约与家法族制的存在。不能取此而舍彼,或者"只见树木,不见森林"。二者,看法律形式,古代之法,其范围广泛,不拘于成文法,其表现多样,"不限于刑与律"。既有"成文性之典籍"如律、令、典,又有"命令性之典籍"如敕、格、式,还有"伸缩性之典籍"如科、比、例,以及具有特殊性的誓、诰、榜等等,在历代先后出现,选择使用,各显效果,"既能灵活运用而又不失其所据焉"。

三者,看刑律编纂。《概要》指出,汉晋之后,以"律"为名的法律,可称之为刑法典,然而律并非中国古代的全部刑事法律,在律之外还有其他刑事法典与刑事单行法规。"律、令、典,在大体上属于成文法典,而不以成文法典称之者,一则律或另易其名,再则令或各别其制,三则律令或与格式合为法典,四则例或附于律后而以律例并称"。因此,仅就刑事法典的编纂而言,已明显是"诸法分离"而非"诸法合体"。如再将具有民事法、政事法的礼,尤其堪称古代行政法典的《唐六典》,以及历代各种单行法规与汇编等包括在内全面审视,"诸法合体"之说纯属不顾史实的妄断。

陈先生还就中国古代是否存在"行政司法合一"、"罪刑法定"原则及其实施、"人治"或"法治"的定性、是非优劣的判断标准等问题进行了深入探讨,限于篇幅,不再一一阐明。先生之用心,纠错正误而显示良苦;先生之所论,据实求是乃真知灼见。值得强调的是,由于上个世纪60年代两岸尚处于敌对与隔绝状态,陈先生的见解不为大陆学者所知或知之者少,《概要》和相关著述已经提出并予以澄清、纠正的误解,在大陆80年代后的法史、法学著述,尤其大学教材中又重新显现出来。其势之强,不但有的著名学者重陷误区而不得自拔,而且使上述虚妄断言几成定论,甚至作为研究中国法律法史的前提与评判标准。其影响之烈,虽然近十年来有一些学者继陈先生之志之说对误区误解进行反拨厘正,[1]但至今仍属争议问题,未得最终解决。由此更可体现先生的慧眼识真与学术过人。

六、博古通今,学贯中西的法学大师

中国自古有"文如其人","字如其人"之比喻;只读其书而不知其人,未免遗憾。因此,在说了陈先生的书、论并学术贡献之后,有必要让读者进而了解陈先生其人与活动经历。纵观陈先生一生事业所为,可以用革命志士、法律专家、法学大师作为简要概括。正是革命经历,法律实务和法学教学与研究,铸造了其学术成就与卓越贡献。

(一) 革命志士

陈先生名顾远,字晴皋,汉族。1896年生于地处陕西关中腹地的三原县。如今中国的"大地中心点"便定在这里,民主革命之先

---

[1] 倪正茂主编:《批评与重建:中国法律史研究反拨》,法律出版社2002年版。

行者、民国元老于右任（1879—1964）也是三原人。先生父母务农，家境艰辛，幼入私塾启蒙。少年时受于右任的影响，反对维新，向往民主革命。他在初中时与同学发起组织"警钟社"，宣传革命道理。1911年，因身在三原未能参加省城西安的辛亥起义壮举，遂秘密加入"同盟会"三原支部，渴望建立民国，进入革命行列。1915年在西安上高中时反对袁世凯"称帝"，表现突出，成为革命学生骨干。时任陕西督军的直系军阀陆建章坐镇西安，凶狠镇压革命，人称"陆屠伯"（袁世凯称帝后封陆为一等伯爵）；青年陈顾远因积极投入"反袁逐陆"活动，几乎在"西华门惨案"中遇难。逃离西安后，经过于右任的帮助，到达北平（北京）。1916年，经考试合格，入北京大学法学预科学习，三年后升入北大政治系本科。

处于民主、科学思潮的中心地带，先生以极大的革命热情学习和宣传新知识、新思想，与北大郭梦良、朱谦之等同学编辑《奋斗》，共出9期旬刊；又与黄觉天等同学创办《评论之评论》，出版4期季刊。1919年5月，反对丧权辱国的《二十一条》，参加"五四"运动。又作为学生《奋斗社》的代表，与李大钊等七位师生代表共同发起创办《北京大学社会主义研究会》。1922年，他在北大正式加入国民党，并且是最早反对"西山会议"派的国民党《民治主义同志会》成员。1923年，先生从北大毕业，获法学学士学位，留校任政治系助教。后与邓鸿业、苏锡龄等人组成赴广州进行政治考察的"十人团"，受到孙中山接见并座谈，深受鼓舞，并接受伺机发动"首都起义"的秘密任务返京。在教学同时，又创办国民革命军第二军《国民通讯社》，并应聘兼任上海《民国日报》与东北《民报》的驻北平地下记者，揭露军阀割据，进行革命报道，险遭以在"马桶上办公"而出名的北平卫戍司令王怀庆的捕杀。1925年，先生30岁，经自由恋爱,与梅丽女士结婚,伉俪情深至白头偕老。是年又因加入到国民第二军行列赴天津迎接孙中山北上,而被奉系军阀张宗昌通缉,无法藏身,便与妻子一起改装离京,投奔在上海的于右任。从此,先生结束了30年的北方生活,也告别了作为革命志士的宣传、行动阶段。

(二) 法律专家

先生在北大读书期间,因家道中落并慰藉父母"望子成龙"之心,曾参加1920年的文官考试,以优等成绩录取分派到北洋政府的平政院,任候补书记官;不久调到农商部,先任秘书处帮办,后调任会计处帮办。1926年到上海后,在法科大学任教。1928年,国民政府审计院成立,于右任为院长,派先生为机要秘书,开始了在南京国民政府任职的生涯。后因于右任辞职,又离开审计院回上海到大学教书。1932年起,担任国民党中央党部民众运动指导委员会特种委员与办公室主任三年。1935年,以专家资格任"训政时期"立法院立法委员,之后每届均获连任,达14年之久;其间曾被派为立法院民法委员会的召集人,参加制定土地法,赴西南各省会、县市考察司法等。抗战胜利返回南京后,1946年,作为国民党代表参加制宪国民大会,经艰难竞选而当选"国大制宪委员",筹备宪法的制定和宪政实施工作。1948年,他当选"宪政时期"第一届立法院立法委员,到台湾后继续连任。其间还作为律师,承办案件并参与法律实务。最引人注目的是,在1963年胡秋原(国民党元老、作家)诉李敖"诽谤罪"的案件中,陈先生担任胡的律师却不为之护短,成为时人趣话。1976年,80岁高龄的先生还受聘担任了国民党第十一、十二届的"中央评议委员"。这种长达40年之久的党、政、立法、法律实务经历,使先生具备了广阔的社会阅历和深邃的洞察、处理与解决难题的能力,积累了丰富的法律经验,这成为他进行法学研究、取得卓越成就的不竭动力和实践基础。

(三)法学大师

据先生自述,"以苦学出身,意在笔耕"。幼时入私塾已接受线装书的熏染,考入北大预科又接受洋装书的教育,对经史子集学问深感兴趣并开始研究古代哲学。"五四"运动后转入北大法科,师从程树德修习中国法制史,大有收获。1920年、1921年、1922年,所著《孟子政治哲学》、《墨子政治哲学》、《地方自治通论》相继由上海泰东书局出版。一个本科学生三年连出三部学术著作,不论在当时或者如今,都是罕见的。1923年北大毕业,组团南下广州晋见孙中山,聆听三民主义及五权宪法,深知中西文化结合之必要,从此下定决心毕生从事中国法制史研究。

在北大政治系担任助教的三年中,他潜心向学,愈为勤勉,讲坛"舌耕之余",继续研究学问。期间学校欲安排出国深造,因家境贫困未能成行,遂成先生"终身所憾"。然而这位"生于斯土,长于斯土,学于斯土,未尝一日离开国门"的中国学者,却站在现代科学的立场上,以"维系中国文化之精神,发扬中国法制之责任"为目标,学无止境,笔耕不已。1923年,所著《五权宪法论》,由北平孙文学会印行,1925年,《中国古代婚姻史》,由商务印书馆出版。

由于从事反军阀、护(宪)法活动而被通缉,他们夫妇二人"微服逃沪",在上海法科大学继续从教,从而"奠定余个人50余年来之教书命运"。1930年，他被刚成立的安徽大学聘为法律系主任；后来，在担任党、政、立法委员公职的同时，又受聘为兼职法学教授，先后在复旦大学、中央大学、朝阳大学、高等警官学校、辅仁大学、西北大学、法官训练所等大专院校任教；1949年迁到台湾后，又在台湾大学、政治大学、中兴大学、东吴大学、军法学院等任教；其中在台大法学院任教24年之久，为本科讲授并指导博士研究生。据先生估算，一生所任大学有30多所，从教长达55年；"出于门下者最保守之计算或不下于30,000人"，将全部"心力集中于中国法制史、中国政治思想史及现实法学"的教学与研究之中。

1931年，1932年，陈先生所著《国际私法总论》上、下两册，《国际私法本论》上、下两册，共四卷本由上海法学编译社出版。1934年，所著《中国国际法溯源》及其代表作即第一部由中国学者编写的大学教材《中国法制史》，分别由商务印书馆出版，影响久远；经日本学者西冈弘翻译，五年后（1939年）由东京岩波书局出版，"开日本人翻译中国学人著作之创例"。1935年，所著《土地法实用》，由商务印书馆出版。1936年，所著《中国婚姻史》，由商务印书馆出版；《国际私法》，由上海民智书局出版；1937年，所著《国际私法要义》，由上海法学书局出版。1940年，所著《中国婚姻史》（日译本），由藤泽卫彦翻译，东京山本书店出版。1942年，所著《立法要旨》，由重庆中央训练委员会发行；1943年，所著《保险法概论》，《公司法概论》，由重庆正中书局出版。1946年，所著《民法亲属实用》，由上海大东书局出版；1948年，所著《政治学概要》，由上海昌明书局出版。1953年，所著《政治学》，由中国法政函授学校发行；1955年，所著《法律评估》，由法律评论社出版，《海商法要义》由中国交通建设学会发行；1956年，所著《民法亲属实用》和《民法继承实用》，由法官训练所发行；1958年，所著《中国政治思想史绪论》，由政工干部学校发行；1961年，所著《立法程序之研究》，由国民大会发行；1964年，本文推荐的《中国法制史概要》由三民书局出版；1966年，所著《商事法》由复兴书局出版；1969年，所著《中国文化与中国法系》，由三民书局出版；1982年，即先生逝世的第二年，所著《陈顾远法律论文集》上册、下册，又由联经出版事业公司出版。

以上仅是先生出版的法学著作，先生尚有大批法学学术论文发表，主要的论文已收入《中国文化与中国法系》一书与《陈顾远法律论文集》中。仅从其题目看，如"中国固有法系之简要造像"、"从中国法制史看中国文化的四大精神"、"儒家法学与中国固有法系之关系"、"法治与礼治之史的观察"、"从中国文化本位上论中国法制及其形式发展并予以重新评价"、"中华法系之回顾与前瞻"、"研究中国法制史之耕耘与收获概述"等，即可展现出先生的学术关注与见解。此外，先生兴趣广泛，多才多艺。在少年时，便喜爱秦腔并编写戏本。到北大后"更嗜此道"，组织实验剧社，创办人艺戏剧学校，担任角色演出新式话剧；并且致力戏剧研究，发表"行头编"、"脚色编"等文章，还拟出版取名为《鞠部要略》的戏剧专著。由此，先生认为做学问亦应注意文思文采，不宜板着面孔教训人，遂将其50岁前的写作称为"文章写我时代"，为文不脱旧调，商务本《中国法制史》便如此。50岁后始进入"我写文章时代"，如三民本《概要》，既在体例、内容、观点上弥补了前书之不足，又在语言文字方面力求深入浅出，明白畅达，令人回味。年届八十，先生仍抱"老而不衰、衰而不废"之旨，表示若天假以年，则除了重写五卷本的《中国法制史》之外，还要将"法学、美学、神学揉合而为一"，写部《中国法律思想史》。先生后来还以"戏创人生观"自嘲，说自己一生是"假戏真做,择善固执;真戏假做,为而不恃"。

无须多言,只要看到上述陈先生的学历、教历、等身的著述,以及人生感悟,一位法史教授、一代法学大师的品格风范,便已跃然于纸上!

(四) 为了记住的推荐

最后,再用点笔墨,追述陈先生对我的影响和我写此文的缘由。我是30多年前在北大读研究生时,从导师张国华教授那里得知陈顾远之名的。我来自陕西,张先生说他很赞赏曾在北大任教的两位陕西人,一为张奚若(陕西大荔人,民国元老,著名政治学家,讲授西方政治及思想史),敢讲真话;一为陈顾远,真有学问。继而我在图书馆中寻到商务本《中国法制史》一看,果然不同寻常!毕业后回到故乡的西北政法学院任教,借到内部影印(当时大陆尚不准公开出版台湾书籍)的三民本《概要》,更加佩服。在受命担任全国高等教育自学考试,中国法制史《大纲》与教材(北京大学出版社2004年版)的主编时,有意打破原先的"朝代顺序"体例,采用陈先生的"问题研究法",以主要立法活动、刑事法律制度、民事法律制度、职官法律制度、司法监察制度为章目进行阐述。正是在先生启发之下,我也着眼于中华传统文化的背景,从整体上把握体系,厘清线索,突出重点与特征,进行中国法律思想史的教学与研究。对于拙著《新编中国法律思想史纲》(中国政法大学出版社2008年版)来说,《概要》起着"表率"的作用,其中不仅多处引用了陈先生的观点,把思想史研究与制度史结合起来,同时也以"范畴史"的体例,既未以"时期"即王朝更替为篇目,也未以思想家即"人头"为章节，而是采取了纵观演变转型、横看内容特征的安排，着重阐述中国古代的六大法律观念、十大法律学说。因此，虽然未曾相见，读其书，受其教，循其学，陈先生实为我"神交"已久、十分敬佩的专业导师。

说来也巧，我生于陕西渭南，长于西安，亦在北大读过书，专攻中国法律史。后来长期在大学当教书匠，除在兰州医学院、西北政法大学、汕头大学、西北大学教学并任职外，还到国内外诸多大学讲学、授课或作访问学者，并且担任省、市政府法律顾问或法院、检察院咨询专家，亦身为兼职律师，可以说与陈先生是真正的乡党、校友和同行，经历亦颇多相似。所以，当商务印书馆王兰萍博士征求《中华现代学术名著丛书》的选书意见时，我毫不犹豫地推荐陈氏之《概要》。但是当她诚邀我撰写导读时，我却犹豫了，担心有负重托，写不好。

在重读《概要》，尤其陈先生的"八十自述"后，我才应允动笔。主要出于两点考虑：一是认为《概要》的学术地位理当列入丛书，尤其先生业已提出并解决的学术误解，如今不仅再次出现而且误区更深，[①]很有必要再次澄清与纠正。二是有感而发：看到先生1948年竞选"国大"制宪委员时的境遇，尽管著作等身，任职"立委"十有四年，但离开故乡甚久，地方人士竟虽闻其名却不知他是陕西人，在艰难努力之后，才得到陕西军政界的支持而当选。有感于此，我虽后辈，学识浅薄，但亦应该使时人知道并记住陈顾远其人其书，所以鼓足勇气，接受稿约。

[①] 杨一凡："对中华法系的再认识——兼论'诸法合体，民刑不分'说不能成立"，载倪正茂主编：《批评与重建：中国法律史研究反拨》，法律出版社2002年版。

陈先生曾说过,若"百年以后,同与历史名人为不占空间之生存,亦甚辛矣"！今年是先生逝世30周年,重印出版《中国法制史概要》,是对先生的最好纪念。鲁迅当年纪念五位青年作家的文章,取名"为了忘却的纪念",不妨套用一下:我写此文,是为了记住的推荐。

王世杰、钱端升《比较宪法》导读
——眺望宪政的远景

林来梵

本书可视为民国时期我国宪法学领域的扛鼎之作,也是我国百年间法学书丛中难得的佳品。①它曾与冯友兰先生的《中国哲学史》、金岳霖先生的《逻辑》等传世之作一道,被列入民国时期商务印书馆《大学丛书》系列之中,②成为诸多法政学堂的必读教材,如今仍是许多高校法科专业公法学科的重要参考书之一;它在民国时期就曾多次改版重印,可谓历久不衰,后虽曾被一度湮没,甚至还在政治运动中屡遭批判,③但却于20世纪90年代之后再度获得当今学界的广泛重视,甚至被奉为当下我国公法学人难以逾越的一座学术高峰。④

---

* 本文见王世杰、钱端升:《比较宪法》,商务印书馆2010年版。

① 我国法理学家、比较法学家沈宗灵先生也曾经对本书做出过中肯的评价。参见沈宗灵:"再看《比较宪法》一书——为纪念钱端升先生百岁冥诞而作",载《中外法学》1995年第5期。

② 参见汪子嵩:"政治学家的天真",载《读书》1994年第6期。

③ 1958年,为了批判时任院长的钱端升教授,北京政法学院(中国政法大学的前身)曾专门编写了一部《批判王世杰、钱端升著〈比较宪法〉》。

④ 分别作为当今我国宪法学者和法制史学者的杜刚建和范忠信两位教授,曾在20世纪90年代末为本书的再版撰写评论时,高度评价了这部著作,进而指出:"由于各种原因,1949年以后中国大陆的宪法学界在比较宪法研究领域至今在总体

一、历史背景:"预备立宪主义"

20世纪中国的宪政史,可谓波谲云诡。自1908年清政府颁布《钦定宪法大纲》始,几乎穷极这个世纪的上半叶,作为东方专制"老大国"的中国,一直未能走出这样的一种历史怪圈,即:一方面被称之为"宪法"或具有"宪法"性质的纸面文书层出不穷,花样翻新,另一方面,国人却犹如涸辙之鲋一般,沉重地苟活于清季那场所谓"预备立宪"运动的历史惯性之中——也就是说,尽管那次"预备立宪"业已伴随清帝国的崩摧而告终结,但在实际上,清末开启的"预备立宪",无论是作为一种政治社会的普遍心理,还是作为一种实际政治的运作程序,都像中了魔咒似的,反复不断地被持续了下去。质言之,从那个时期开始,中国就一直长久地处于一种不断持续的、堪称"预备立宪主义"的历史情境之中。而20世纪20年代被绘制出来的所谓"军政、训政、宪政"的三阶段路线图,[①]更索性明确地将这种历史情境变成了政治纲领。

(接上页注)上还未能达到三四十年代的研究水平。"参见杜刚建、范忠信:"基本权利理论与学术批判态度——王世杰、钱端升与《比较宪法》",载王世杰、钱端升:《比较宪法》,中国政法大学出版社1997年版,第1页。无独有偶,我国法理学者许章润教授也曾在一篇专门研究钱端升的文章中论及此书,并意犹未尽地指出:"证诸钱氏的一生论著……堪称行家的大手笔。不客气地说,1949年后中国大陆同业中出其右者,迄今尚未之见。"许章润:"所戒者何——钱端升的宪政研究与人生历程",收于许章润:《法学家的智慧》,清华大学出版社2004年版,第132页。

① 这个路线图是1923年1月孙中山在《申报》50周年纪念专刊上所发表的"中国革命史"一文中首次提出来的。文中称:"从事革命者,于破坏敌人势力之外,不能不兼注意于国民建设能力之养成,此革命方略之所以必要也。余之革命方略,规定革命进行之时期为三:第一为军政时期,第二为训政时期,第三为宪政时期。"

本书正是这个时代的所产。毋庸多言,这是一个根本难以成就"法教义学"意义上的宪法学的时代。① 宪法性文本的变换更迭,恰恰使得这种学问陷于不毛的境地。但与此不同,介绍外国宪政经验的著作则四处开花,几乎令人眼花缭乱。据20世纪90年代北京图书馆编《民国时期总目录·法律(1911—1949)》一书的资料显示,除了"各国宪法论"和"外国宪法论"两部分之外,该时期各种有关"比较宪法学"类别的著作(含少量的译著)即有29种之多,其中与本书书名完全相同或高度近似的便多达16种,其中包括:王鞶炜编《比较宪法学》(1912年),郑毓秀著《中华比较宪法论》(1927年),程树德述、胡长清疏《比较宪法》(1927年),程树德著《比较宪法》(1931年),程树德著《宪法历史比较研究》(1933年),丁元普著《比较宪法》(1930年),黄公觉著《比较宪法》(1931年),王馥炎编《比较宪法》(1931年),章友江编著《比较宪法》(1933年),吕复著《比较宪法》(1933年),周逸云编著《比较宪法》(1933年),费巩编著《比较宪法》(1934年),阮毅成著《比较宪法》(1934年),刘作霖编《比较宪法》,马质编《比较宪法》,周还编《比较宪法讲义》。②

---

① "法教义学"主要指的是以某个特定的(一般是本国的)实在法体系(或曰实在法秩序)"为基础及界限,藉以探求法律问题答案的学问",也是诸种法学学科中最为传统、最为核心的门类,为此几乎也成为"法学"的别称。有关这一点,可参见〔德〕拉伦茨:《法学方法论》,陈爱娥译,(台湾)五南图书出版有限公司1996年版,第1页、第87页、第95页以及第128页以下。国内学者对此较为清晰的研究概括,可参见白斌:"论法教义学:源流、特征及其功能",载《环球法律评论》2010年第3期。

② 书名后括号内的年限为初版年限,其中后三部的出版年限不详。有关资料可参见北京图书馆编:《民国时期总书目·法律(1911—1949)》,书目文献出版社1990年版,第76—79页。

作为这个时期产生的一本同样题为《比较宪法》的讲义性著作，本书与上述众多类似的著作一样，也带有某种"过屠门而大嚼"的意味，尽情"撫述列国宪法或法律上诸种不同的规定"，爬梳西方学者诸种不同的学理见解，说透了，其实也就是在自己的祖国尚未迎来宪政的历史时期，怀着立宪主义必然到来的愿景，眺望各个法治先行国家宪政的远景而已。只是彼时的中国法学，早已沐浴在一片"欧风美雨"之中，以致其总体状况后来就曾被蔡枢衡先生痛斥为是一幅"次殖民地风景图"[1]，但值得一提的是，像本书这样作为比较法研究成果的著述，则可冠冕堂皇地幸免受到这种指摘。

然而，这也是一个思想开花的时代。可以说，在迄今为止的中国学术思想史上，但凡英才辈出、群星璀璨的历史时期，几乎都是在中央政权失去了强大控制力的乱世时期。而在该书问世的年代，恰巧是中国迎来了这种"国家不幸诗家幸"的时代，一大批学人在列强环伺、国运衰微的危难之世，击楫中流，奋发图强，抱持"为天地立心、为生民立命、为往圣继绝学、为万世开太平"的传统士子精神，呕心沥血，苦苦求索，揭开了近代中国学术史上绚烂的一页。

本书正是在这种历史背景之下，在法学领域中所产生的一部具有独特的标志性意义的佳作。

---

[1] 具体而言，蔡枢衡先生说的是："今日中国法学之总体，直为一幅次殖民地风景图：在法哲学方面，留美学成回国者，例有一套 Pound 学说之转播；出身法国者，必对 Duguit 之学说服膺拳拳；德国回来者，则于新康德派之 Stammler 法哲学五体投地。"见蔡枢衡："中国法学及法学教育"（1947 年），重载于《清华法学》第四辑，清华大学出版社 2004 年版，第 14 页。

二、亦属"比较":有关著者与版本

此书最初由王世杰先生一人独著,初版刊行约10年后,钱端升先生受邀对原著做了部分的增订改版,此后二人一同署名刊行。

王世杰(1891—1981),字雪艇,湖北崇阳人氏,曾以加冠之年负笈英国伦敦大学经济学院,后转赴法国巴黎大学学习法学,于1920年获法学博士学位,当年即受蔡元培之邀,以未及而立之年,任北京大学法学教授,其间著有《女子参政之研究》(1921年)、《中国奴婢制度》(1925年)以及与昔尘合著的《代议政治》(1925年)等,而《比较宪法》一书,则是他于该校讲授比较宪法达五六年之后,在其讲义的基础上编纂而成的,于1927年在商务印书馆刊行初版。同年,王世杰出任民国政府法制局局长,从此步入了政界,其后历任国立武汉大学校长、教育部长、国防最高会议成员、外交部长等职;1949年后随国民党政府赴台,任"总统府"秘书长、"行政院"政务委员、"中央研究院"院长等职。观其一生,1927年《比较宪法》的问世,恰好也宣告了他作为一名宪法学家的学术生涯在事实上的终结,虽然此后他也曾于1936年担任过中华民国宪法草案(即所谓"五五宪草")起草委员会顾问,但同年所出版的《比较宪法》第三版增订之事宜,却只能委之于时任南京中央大学教授的钱端升先生之手了。

钱端升(1900—1990),生于江苏松江府(今属上海),早年由清华学校选送美国留学,于1924年以一篇比较政治学性质的论文,获哈佛大学哲学博士学位,同年归国,任清华大学历史系讲师,翌年升任同大学政治系教授,可谓少年得志。此后他在清华大学、北京大学、中央大学以及西南联大等南北各大名校之间辗转执教,先后著有《法国的政府组织》(1930年)、《德国的政府》(1934年)、《民国政制史》(1939年)、《战后世界之改造》(1942年)、《中国政府与政治》(1947年)等论著。1947年末,钱端升先生曾赴哈佛大学国际研究所任客座教授一年,但于新中国成立之前决然归国,此后受到新政权的器重,历任北京大学法学院院长、北京政法学院(现中国政法大学前身)院长等职,兼任全国政协委员,开始了半学者半官员的生涯,不意于1957年被划为"右派分子",在政治及学术上均受到了无情批判,并被迫多次违心认罪;"文革"期间,钱先生再次受到冲击,甚至被下放于京郊,后幸得周恩来总理推荐,于1972年得进入外交部工作,"文革"后历任外交部顾问、中国政治学会名誉会长、全国人大常委会委员、全国人大法律委员会副主任、中国法学会副会长、中国法学会名誉会长等职。[①]

如上可知,作为《比较宪法》一书的两个著者,王世杰与钱端升两位先生的学术履历乃至人生旅程也颇有一定的可比性。

首先,二人的相似之处在于:早年均有旅学海外的经历;第一专业均非正宗的法学出身,但又均治宪法学这门学问;均先为学而后为官,并均担任过一校之长;而且为官之前均在学术上颇有建树,但为官之后,二人均不仅在学术上几乎再无力作问世,其实在

[①] 有关钱端升先生的学术生涯与人生历程,亦可参见许章润:《所戒者何——钱端升的宪政研究与人生历程》一文,收于许章润著:《法学家的智慧》,清华大学出版社2004年版,第117页以下。

政坛上亦并无轰轰烈烈之作为,①甚至对推动中国宪政之发展,也不见得做了何等值得特书一笔的贡献;只是最后,二人还均享鲐背之年而寿终。

但二人之间也有一些重大差别。最值得一提的就是:王世杰性格颇为沉稳中和,不苟言笑,据说即使后来成为民国政府高官,在所有文章中也从未用过当时公文中极流行的"共匪"一词,在言谈中对蒋介石和毛泽东,也都敬称"先生"。在中国台湾期间,作为长期跻身政界的人物,王世杰虽然也难免偶逢官场失意之事,但终其一生,总体上还算一路从容、仕途顺利。

而钱端升先生就有所不同。他早在孙中山提出"军政、训政、宪政"三阶段论的当年(1923年),就曾坦言"我总望今之当国者,不急于宪法的完成,而努力于政治及经济的改进,"②似乎应属于四平八稳的"预备立宪主义"者了,但其实则颇有个性,比如当年虽曾因蒋介石的提名而得任国民参政会委员,但却是蒋介石最为生畏的经常起立质询的委员之一。抗战胜利之后,钱端升还曾在西南联大发表支持联合政府的演讲,敢与国民党军警抗衡。新中国成立前,他更是不听友人劝阻,从美国奋然归国,投入新时代的洪流。凡此种种,均展现了一个学人独立的人格与风姿,但终因与政治过

---

① 王世杰曾受命参与创办武汉大学这一事,并担任四年之久的校长一职,尚可勉强属于例外。或许正因如此,据说王先生最后在台湾去世之前,还曾叮嘱其后人"切勿在墓碑上刻教育部长、外交部长等官衔,只刻'前国立武汉大学校长王雪艇之墓,足矣"云云。参见杜刚建、范忠信:《基本权利理论与学术批判态度——王世杰、钱端升与〈比较宪法〉》一文,收于王世杰、钱端升:《比较宪法》,中国政法大学出版社1997年版,第2页。

② 钱端升:《评中华民国宪法草案》,收于《钱端升学术论著自选集》,北京师范学院出版社1991年版,第486页。

从甚密,终被其所收服,由此后半生备受政治潮流冲击,晚年的命运之坎坷实令人鼻酸。而其一波三折的人生旅程,或许昭示了这样一种道理:一个学者的独立人格,并非学者本身可以独立决定的,归根结底,乃微妙地取决于学者本人所置身的政治环境及其与那种政治环境之间的关系。

再说《比较宪法》一书,因承二人之手笔,又经多次增订改版重刷,故其版本历史颇为复杂,迄今几乎已难以考辨,但大略是:1927年,该书的初版由王世杰一人独著,分上下两册,刊行于商务印书馆;翌年即有第二版刊行,但此版除了"讹字订正"以及对一些事例及参考书目"略事补充"之外,改动不大,此后历次改版亦然;时至1936年底,作为王世杰、钱端升的合著版,此书的增订第三版开始出版;1942年,增订第四版再次刊行。到了民国后期,此书又有多次重版重刷。[1]

较之于王世杰原来的独著版,王钱二人的合著版,除了将独著版中第五编第二章"中国制宪问题的经过"独立出来,扩写为全书最后的第六编"中国制宪史略及现行政制"之外,在章节结构上并无重大变更,仅是内容方面的部分增删。[2] 而若论对本书的最终贡献,从前后版本的递变演化来看,此书的大部分内容均可算是王世杰名下的成果,钱端升的贡献虽属不少,但从量上加以粗略推断,大致仅占全书的二三成之间。

---

[1] 经查,此书的后期版本中,至少有1946年3月沪4版,直到1948年8月沪10版(两册)。

[2] 有关独著版和合著版之间前后版本的差异,可参见杜刚建、范忠信:《基本权利理论与学术批判态度——王世杰、钱端升与〈比较宪法〉》,王世杰、钱端升:《比较宪法》,中国政法大学出版社1997年版,第3—6页。

或许也是由于这样,在钱端升先生去世后第二年才面世的《钱端升学术论著自选集》中,《比较宪法》一书虽然也被摘选了若干章节,但据钱先生书后的《我的自述》中坦言,他自己颇为认可的力作似乎乃是《德国的政府》一书,[①]而非这部《比较宪法》。而且不可思议的是:其中被摘入这本《自选集》中的《比较宪法》的那些章节,其行文竟然更为接近于王世杰原来的独著版,而非此后增订的合著版。

在此顺便值得一提的是:本次由商务印书馆重版刊行的版本,乃是该书在20世纪40年代末出版的后期版本,为此,其版本价值,自然超过了20世纪90年代各出版社重版该书时所选择的各种版本。

三、本书的方法:"道是无晴却有晴"

在"初版序"中,著者王世杰先生就曾指出:"本书的态度,是陈述的,不是批评的。"他同时还指出,"就方法说,西籍中关于比较宪法之著作,通常俱系择取若干国家,分别说明各该国宪法的内容。这自然也是一种比较方法",而"本书内容的分类",则"不以国别为标准,而以现代一般宪法上所规定之问题为标准"。

这种交代应属非常清晰,但从今日比较法学的有关理论而言,著者所言的"态度",其实乃属比较法学中的方法问题,而其所说的

[①] 钱端升:"我的自述",收于《钱端升学术论著自选集》,北京师范学院出版社1991年版,第696—697页。

"方法",则也可以说是与比较法的方法问题密切相关的体例问题。

关于为何要采用"陈述"而非"批评"的立场,著者本身也做了说明:那是因为"本书之所陈述,诚然不以列国宪文的意义或列国政制的内容为限,而往往涉及诸种政制的理论",在"标举理论之时,大率兼举赞成和反对两方的见解。而且往往仅于陈述两方见解而止",除此之外"极少附以评断或己见"。这是因为"政治制度大都含有时间性与地域性,抽象的评断,不流于褊狭,即不免失之肤浅;非但无益,且有朦蔽他人思想之虞"。

无须赘言,这里所言的"批评",乃相当于现代比较法学中的所谓"评价"。而不做评价,实际上就意味着是采取客观中立的立场,排除价值判断的方法,其最主要的理论基础或依据,应是来自于法律实证主义有关"价值无涉性"的学术主张。在近代德国,耶利内克(G. Jellinek)、凯尔森(H. Kelsen)等公法学家,秉持新康德主义的"方法二元论",主张将事实与当为(价值)截然分开,并基于价值相对主义立场,排斥在法学中探讨有关价值的问题。而本书问世之时,法律实证主义恰好在西方许多国家方滋未艾,在宪法领域更是处于强盛时期,作为年轻时留洋的学人,本书的著者自然难免受到这些思潮的直接或间接的影响。再说,最初确定这种方法的王世杰先生,其性格本来就颇为平稳中和,按照中国旧时读书人"为人为学相为通"的道理,采取这种方法作为他的"态度",似乎也在情理之中。

进言之,这种方法,迄今还仍为许多法学者在进行比较研究中所遵循,其中,一些宪法学者亦然。比如,当代日本著名宪法学家阿部照哉教授,就曾在论及"比较(宪法学)的方法"时指出,在为宪法的制定、修改或解释等实践性目的而展开比较宪法的研究时,舍弃评价是无法达到这种目的的,但是,"评价与利用只是属于比较宪法的效用",而对于比较宪法学而言,"只要将它力图作为科学,则或许应该满足于宪法现象的分析、各自异同的认识以及异同之生成的原因与背景的探究,而止步于评价之前"。①

然而,毋庸讳言的是,现代许多专门从事一般比较法学研究的权威学者,则不太认同这种见解。德国著名比较法学家 K. 茨威格特(Konrad Zweigert)和 H. 克茨(Hein Kotz)就曾在讨论"比较法的方法"时明确指出:"对通过比较获得的结果进行批判性的评价,这是比较法工作的一个必要的组成部分",而且也是比较法学者"最有资格"做的一项工作。② 日本当代的比较法学家大木雅夫教授也赞同这一点,并认为,评价不属于科学的主张,仅仅限于特殊的情形才是妥当的,比如对根本涉及不同人类文化或不同政治意识形态等问题的评价等,③而前述的王世杰先生所言的"政治制度大都含有时间性与地域性",似乎尚不构成不能评价的理由。

反观本书所采用的方法,情形则颇为复杂,但也饶有趣味。

首先,按理说,在当时中国"预备立宪主义"的历史情境之下,正式的宪法一直尚付阙如,这意味着,宪法的制定迟早总要提到日程上来,为此,作为宪法学人,在进行比较宪法研究时,为此"实践性目的",似乎不应舍弃在对诸国宪法的专项问题进行比较之后加

---

① 〔日〕阿部照哉编:《比较宪法入门》,有斐阁1994年版,第13页(阿部照哉执笔)。
② 〔德〕K. 茨威格特、H. 克茨:《比较法总论》,潘汉典等译,贵州人民出版社1992年版,第83—84页。
③ 参见〔日〕大木雅夫:《比较法》,范愉译,法律出版社1999年版,第100页以下。

以一定的评价,况且,本书所采用的那种"以现代一般宪法上所规定之问题为标准"的体例,也较为适合做这种比较性的评价,但著者却恰恰声明要放弃这项作业。

其次,更为有趣的是,著者虽然开宗明义地交代本书的方法"是陈述的,不是批评的",但在随后还是给自己留下一些余地,表明"陈述而外,极少附以评断或己见",也就是说,其实并非完全排斥评价,只将其作为例外而已。然而,值得留意的是,如果细读此书,读者便不难发现,在本书各个章节之中,批判性的评价绝非鲜见,其中既有春秋笔法的表述,也有淋漓尽致的痛陈。① 如果说,增订版中所追加的第六编"中国制宪史略及现行政制"颇为典型地反映了这一点,那还不足为怪,②而实际上,翻检王世杰先生原来的独著版,同样也是随处可见评价的笔触,甚至包括否定性的评价。譬如就在绪论第一章第一节中论及宪法修改问题时,即直截指出,"在18世纪期内,欧洲大陆学者间对于宪法修改问题,颇有几种不甚切中事理的主张"(本书第12页,以下同),接着便列举了两种观点,然后又再次评断到:"然就实际而言,以上二说的弱点,固甚鲜明"(第13页)。由此我们也可看到,本书所采用的比较法的方法,固然力图接近于价值中立的立场,更不带感情色彩,但其实在评价方面上,则似乎是欲语还休,却又欲罢不能,诚可谓"道是无晴却有

---

① 关于这一点,沈宗灵先生也曾指出,"颇使我感到意外的是,《比较宪法》一书中不少地方仍是有陈述也有评断",并做了一些列举。参见沈宗灵:"再看《比较宪法》一书——为纪念钱端升先生百岁冥诞而作",载《中外法学》1999年第5期。
② 前引的杜刚建、范忠信一文,甚至认为本书于此之处,体现了"可贵的现实批判态度"。参见杜刚建、范忠信:"基本权利理论与学术批判态度——王世杰、钱端升与《比较宪法》",载王世杰、钱端升:《比较宪法》,中国政法大学出版社1997年版,第12页以下。

晴"了。质言之,欲论"本书的态度"究竟为何,则可以说:其态度并非不事评价,而是对评价本身的矛盾。

然而,本书在评价对象上还是有所分别的。我们知道,一般而言,法学的研究对象在逻辑结构上主要包含了法条、判例、学说和相关现实(包括制度性事实)这四项要素,而以"法教义学"为代表的传统意义上的法学,一般均尽量回避或克制对规范(主要包括法条或已确立的主导性判例)本身进行否定性的评价,而相对不忌讳对学说和现实的批判。综观本书中的各处评价,其对象的选择也有同样的倾向,即主要针对的是西方各种理论学说以及中国现实而作分析点评。

总之,如果将评价视为现代"比较法的固有活动"[1],那么可以说,本书在方法论上对评价所抱持的矛盾态度以及最终选择的实际手法,一方面恪守了传统法学的品格,另一方面也反而切合了现代比较法的主流方法。

至于本书的体例亦值得钦瞩。综观迄今为止各国比较宪法学之发展,其主要的体例模型,不过三类而已。其中,最为基础性的模型就是本书"初版序"中所说的"按国别为标准"和"以现代一般宪法上所规定之问题为标准"这两类,第三类便是由这二者的综合而产生出的各种"复合型体例"。[2] 从今日的角度来看,复合型体例的开拓具有极为广阔的理论空间,其在许多国家的发展亦达到

---

[1] 〔日〕大木雅夫:《比较法》,范愉译,法律出版社1999年版,第102页。
[2] 我国当代法理学者、比较法学者沈宗灵教授所著的《比较宪法——对八国宪法的比较研究》,就可视为是倾向于采用了这种复合型体例。

令人称羡的程度,[①]但在本书问世与刊行的时代,正如著者所言,西籍中有关比较宪法的著作,不少均采用"以国别为标准"的体例,而相较之下较为先进、同时也对著者多语种要求极为严苛的体例,应算是以专项问题为标准而构筑的体例结构了。本书所采用的正是后者。

但同样有趣的是,由于增订版加设了全书最后的第六编"中国制宪史略及现行政制",为此也在一定程度上打破了这个体例。但所幸的是,从内容来看,由于作为主体的前面五编,依次由"绪论"、"个人的基本权利及义务"、"公民团体"、"国家机关及其职权"和"宪法的修改"构成,为此,其作为比较宪法的整个体例,可谓业已完备,所增设的第六编仅属于一种补充,而就当时中国宪法的问题意识而言,这种补充亦殊有必要,至少并非蛇足——倾其全书之卷帙,"眺望宪政的远景"之实践性目的,最终亦存乎其间矣!

四、本书的当今价值

阅读的本质,无非是读者与作者之间就某种真理问题而在书面言语世界里的一种对话过程。尽管本书是一部问世于20世纪

[①] 比如当代日本宪法学家樋口阳一教授在功能主义比较方法的基础上,采取了一种新的历史主义方法,确立了所谓的"宪法现象的历史类型学",藉此提出了由纵横两轴构成的比较坐标,其中,横轴是现代宪法现象的历史类型学分析,纵轴是发达社会中资本主义宪法发展的三阶段分析,并基于这种方法与坐标,构筑了一种值得重视的复合型体例。参见〔日〕樋口阳一:《比较宪法》(全订第三版),青林书院1992年版。

上半叶的旧著,但如果将其纳入现代读者的阅读范围,尤其是现代法科学人的"深读目录",则人们可能不难发现,本书在它自身立足的专业领域里面,依然在有力地传达着某种具有当今价值的学术内涵。举其荦荦大端者,至少有以下三个方面:

第一,多语种、多国别第一手权威文献的援用。

如果本书确实像部分学者所说的那样,是当下我国同行学人仍难以逾越的一座学术高峰,那么,其真正难以逾越之处究竟何在呢?笔者认为,对于当今中国的宪法学人,甚至整个法学界各个学科的同行来说,其可能正在于:作为仅由两位学者合作的一份研究成果,却能同时援引英、法、德等多语种、多国别的第一手研究文献资料,而且还是基于著者亲身游学海外的学术经历,而对同时代西方各主流法治国家中诸多有代表性学者乃至学术巨匠的权威著述所进行的如此广泛的、有甄别的征引。翻检全书,我们可以看到,其所援引的对象除了博丹、霍布斯、洛克、孟德斯鸠、卢梭、西哀士、麦迪逊等这些在人类宪政史上震烁古今的思想家之外,作为著者同时代或相近时代的各国公法巨擘或相近领域的名家,英国的戴雪(A. V. Dicey)、布赖斯(J. Bryce)、科勒(G. D. H. Cole)、拉斯基(H. J. Laski);法国的狄骥(L. Diguit)、埃斯曼(A. Esmein)、马克贝格(D. Malberg);美国的伯吉斯(J. W. Burgess)、古德诺(F. J. Goodnow);德国的拉班德(P. Laband)、耶利内克(G. Jellinek)、奥托·迈耶(O. Mayer)均被纳入视野,就连在魏玛时期刚刚崭露头角的施米特(C. Schmitt),也因其新著《复决与创制》一书,而在援引之列。由上不难推知,援用于本书的学术文献,即使在历经了大半个世纪之后的今天,都仍然具有学说史意义的价值,甚至具有并未灭失的当今价值。

第二,建立在扎实的文献综述基础上的见解。

今日法学界许多学人立说,鲜有深厚的文献综述作为基础,甚至不知其为何物。但本书在此方面,实已提供了典范。比如,在第一编第二章第四节"国家的起源及根据"之中,著者就广泛梳理了神意说、契约说和强力说、有机体说、群性说、心理说等各种理论。其中在契约说之下,又分别梳理了霍布斯、洛克和卢梭三人不同的学说以及各国学界对契约说的批评理论。不得不承认,这类功力深厚的文献综述,本身就已具有独立的学术价值,更可贵的是,在许多重要的、关键的问题上,还可以每每见到作者在此基础上做出要言不烦的评价,提出自己的见解。若细加甄别分析,其各种见解基本上可分属以下四类:

第一类见解:由于时代的递嬗,如今确实已经过时,但由于本来就不是无根之游谈,而是结实于学术史脉络之下的结论,因此迄今仍有学说史意义上的价值。比如,就选举权的性质而言,今日各国主流见解一般均认为属于一种基本权利,而几乎无可争辩,但在本书面世的那个时代以及此前的年代,世界各国有关选举权之性质的学说状况,则非如此简单,而是曾经过长期的争论,产生了多种不同的学说。本书就曾梳理了"选举权为国民的固有权利说"、"选举权为社会职务说"和"选举权兼具权利与职务两性说"这三种学说,最后提出"以上三说之中,以第三种较为合理"的见解(参见第165页),并对此做了进一步的分析(第三编第一章第一节)。从今日的视角来看,著者的这个主张尽管已经不再占据主流地位,但它仍可以使我们不仅看到了这两位作为民国时期我国宪法学界重要学者在选举权性质问题上所抱持的具有代表性的观点,而且还可以清晰看到其观点背后有关选举权性质理论的理论背景与学说源流。

第二类见解：尽管历经沧海桑田、物换星移的时代变迁，但由于著者当时就已经站在那个时代的学术前沿，并做出敏锐的分析或深刻的洞见，为此迄今仍未算过时。比如，在第一编第二章第三节第三目"主权之所在"中，著者对卢梭学说之危险性的分析与反思，便已站在那个时代世界范围的思想前沿之上，即使在今日的中国学界，都可以说是难得的真知灼见；又如，著者将基本权利分为"消极的基本权利（个人自由）"、"积极的基本权利（受益权）"和"参政权"三种大类，并将"消极的基本权利"置于最为重要的地位之上，这在那个时代同样也属于最具合理性的分类了，与德国的耶利内克在19世纪末所著《主观性公权的体系》一书中所确立的"三分法"几乎可谓殊途同归，甚至还有所超越；①时至现代，日本著名宪法学家芦部信喜教授还在采用类似的三分法。②

第三类见解：难说是否已届过时，但因其文献基础深厚，而且

---

① 耶利内克认为，国民针对国家分别存在四种不同的地位（资格），由此相应派生出一种义务和三种不同的权利。此四种地位（资格）具体为：第一种是被动地位，派生出国民的义务；第二种是消极地位，派生出消极权利，即个人的自由权；第三种是积极地位，派生出积极权利，主要是受益权，如裁判请求权、请愿权；第四种则是能动地位，派生出参政权。参见〔日〕山下健次：《概说宪法》，有斐阁1984年版，第36—37页。值得一提的是，这一学说曾在部分大陆法国家影响甚巨，但从本书所确定的"积极的基本权利"的具体内容（主要是社会性权利）来看，似乎并未直接受到此说影响。而且如下所述，本书对耶利内克的学说和地位，甚至可能并未给予足够重视。此外，耶利内克的这种三分法，迄今仍在德国公法学界被奉为经典学说，但受到时代的局限，社会性权利的确没有被纳入其分类体系。在这一点上，王世杰、钱端升的《比较宪法》一书中的三分法已然有所超越，只是如下文所述，后者也有重大缺漏。

② 芦部信喜教授所采用的这种三分法，是将基本权利分为"免于国家干涉的自由"（freedom from state）、"参与国家活动的自由"（freedom to state）和"有赖国家援助的自由"（freedom by state），恰好分别类似于本书著者所说的消极的基本权利、参政权和积极的基本权利。参见〔日〕芦部信喜：《宪法判例精解》，岩波书店1987年版，第53—59页。

论证缜密,持论允当,为此迄今仍具有一定的学术价值,甚至还闪耀着某种理论光芒。此类见解亦不胜枚举,比如就"国家的起源及根据"这个问题,如前所述,著者曾做了极为扎实的文献综述,在此基础上,著者表明了倾向于采用强力说来理解国家的起源,但又特别强调,应将"国家的起源"与"国家的根据"严格区别开来,认为"即使强力为国家产生的主要因素,国家仍不能凭强力以为根据",申言之,"国家如欲强制人民的服从,自须于强力而外另觅伦理的根据",此亦即国家的三项目的(参见第71页)。时至今日,这种见解仍可谓掷地有声,振聋发聩。

第四类见解:本身就可能属于有争议的见解,但从中国的特殊国情和本土的问题意识来看,迄今仍然具有一定的启迪意义。在此方面,最典型的就是本书所秉持的有关基本权利保障依据学说。著者认可同时代英国政治理论家拉斯基(H. J. Laski)在20世纪20年代提出的有关理论,认为国家之所以必须承认并保障个人的自由,并非因为这些个人自由像洛克等自然权论者所说的那样属于个人与生俱来的权利,即所谓的"人权",而是"纯因这些自由为个人发展人格时所必需",而另一方面,这种个人的人格发展,乃是"促进社会分工现象发展时所必需",而作为国家的目的,促进社会全体之进化则又"有赖于人类分工现象的发展"(参见第84页)。换言之,保障个人自由,实际上将会达到国家与个人两方"双赢"的盛况,其因果关系的回路系统是:国家保障个人自由→个人人格发展→促进社会分工→促进社会进化→实现国家目的。

当代美国学者内森(J. Nathan)在"中国权利思想的源流"一文中曾经指出,中国人缺少对自我本位性质的个人主义的尊崇,如果让中国宪法文本的起草者重视基本权利,并确实将其全面写入宪法,那么,其目的也不会在于针对国家而保护个人的权利,而是在于藉此如何让个人为国家之强大发挥有效的作用。① 这一指摘应该说颇为剀切,直至当今中国各种的人权保障理论,均被击中了要害。但值得注意的是,早在大半个世纪之前,本书所认同的上述有关基本权利的保障学说,则已经具有更为丰富、也更为具有"切实"的理论内涵,迄今仍值得吾侪重视。

第三,宽容的学术精神、公允的学术立场。

自王世杰的独著版开始,本书不仅能够在某些问题上,公允地引述有关社会主义倾向的宪法观点,而且也能明确地认同其中一些这样的观点。应该说,这些观点一方面在当时的学术上大多属于前沿性质的学术观点,但另一方面在政治上则毕竟较为敏感,而著者能如此对待,确实体现了某种宽容的学术精神和公允的学术立场,迄今仍颇堪钦瞩。

以下试举三个典型的例子。

其一,如前所述,在关于国家的起源与依据方面,著者倾向于采用强力说来理解国家的起源,并指出:"国家这种社会生活的特性,在有一个统治阶级,以其武力为其意志或法律的制裁。"(第70页)这在某种意义上,几乎接近于马克思主义的国家理论,只是著者特别强调,应将"国家的起源"与"国家的根据"严格区别开来,鲜明地主张"国家如欲强制人民的服从,自须于强力而外另觅伦理

---

① See Randle Edwards, Louis Henkin, and Andrew J. Nathan, *Human Rights in Contemporary China*, New York: Columbia University Press, 1986, p.148.

的根据"。这不得不说是相当允当的见解。

其二,在关于平等理论方面,著者在介绍了传统的法律平等原理的内涵及理论依据之后,专门引述了"今之主张社会主义者"对传统法律平等说的批评,最后指出:"近今倾向社会主义的宪法或法律,一面宣示平等主义,一面复对于劳工、妇女、儿童等弱者阶级,设立各种特别的保护,在理论上确甚合逻辑,不是矛盾,也不仅是调和。"(第90页)

其三,如前所述,本书将基本权利分为"消极的基本权利(个人自由)"、"积极的基本权利(受益权)"和"参政权"三大类,其中对"积极的基本权利"的论述虽然篇幅不大,但毕竟专辟一节(第二编第一章第四节),也算是在基本权利的理论框架中肯定了这种"与社会主义相联系"的基本权利的独立地位;而且其"三分法"本身,也在一定程度上有利于突出该权利的地位。

总之,本书在以上所列三点上,迄今仍然具有重要的价值,颇值得我们含英咀华,沉潜吟味。

五、为了超越

当然,作为一部在大半世纪之前问世的旧著,本书存在一些"微瑕"也在所难免。而如何透析出"白璧"中的"微瑕",也是我们在阅读中应所重视的功夫,同时,还是当今我国法学同仁是否可以超越本书学术成就所须完成的关键课业之一。

但借助本书的用语来说,这项功夫,恰恰不是"陈述的",而是

"批评的",为此也难免见仁见智,人言人殊。以下只能略举数例,俾备读者一考。

本书在第一章中谈到"自欧洲宗教革命至美法革命时代"的宪法观念时,曾指出:"当时所谓根本法者,即指人民与国家或政府间的一种契约,即卢梭等所谓'民约'(Contrat Social)。"(第26页)但从严格的意义而言,这种契约实际上乃属于"统治契约",与卢梭本人所主张的"民约"(即"社会契约")不同。正如著者在第二章梳理各种民约论时也承认的那样:卢梭所主张的"民约系成立于人民与人民之间,并非如洛克所说,成立于人民与政府之间"(第65页)。

在基本权利的分类方面,本书也存在一些问题。首先是关于个人自由的种类,著者认为它可进一步分为"关系个人物质的利益的自由"和"关系个人精神的利益的自由"两类,二者彼此又分别各包含四种:前者为人身自由、居住自由、工作自由与财产自由;后者为信教自由、意见自由、集会自由和结社自由(参见第86页)。这种分类体系看似匀称严整,其实也有不尽周延之处,如果从今日的视角来看,其缺漏就可能更多,其中就包括对著者的有关基本权利理论具有核心意义的人格的自由和发展的权利。其次,本书虽然将"积极的基本权利"定位为受益权,但却将其仅限于各种第二代人权,而缺漏了作为第一代人权中更具有代表性的受益权,如作为国务请求权的裁判请求权。

关于选举权的性质,如前所述,本书已颇为广泛地梳理了"固有权利说"、"社会职务说"和"兼具权利与职务两性说"这三种学说,但实际上,学说史上仍有另外一种具有代表性的重要学说,没有引起著者的注意,从而未能纳入其文献综述的范围,此即耶利内克的"权限说"。①

此外,本书第一编第二章的"国家的概念",高度地概括了关涉宪法学之基础的国家理论,可能是本书中写得最为精彩的部分。但在笔者看来,本书最为重要的缺憾,恰恰同样可能存在于本章,主要表现在:在这一章之中,有关国家的多种政治理论均已纷纷出场,惟独有关国家的法理论——即类似于近代开始就在各大陆法国家得以发展的所谓"国(家)法学"理论——的评介却极为贫弱。② 其实,在民国时期,国法学理论的译介在国内已有所冒现,③而此书也曾在

---

① 此说以国家法人说为理论基础,认为国民在选举中实际上乃成为一种国家机关(如本书第三编中所谓的"公民团体"这一概念,即源于此种学说),故拥有的不可能是"权利",而只可能是一种"权限";但从个人的角度而言,个人既然是参与了作为国家机关而行使的"选举"这种活动,在法律上则拥有获得相关"资格的承认"(如选民资格的确认)这种利益,就此而言,这种权限又伴随着特定的个人请求权。有关这一点,20世纪50年代日本学者林田和博教授在其所出版的学术著作中有过颇为全面的梳理和介绍,值得参考。参见〔日〕黑田觉、林田和博:《国会法·选举法》,有斐阁1958年版,林田和博所著《选举法》部分,第36—41页。

② 国法学主要发轫于以近代德国为代表的一般国家学,对大陆法系国家的公法学影响甚巨。然而,本书虽然也援引了多位德国公法学家的著述,但对在国法学领域中具有极为重要地位的几位巨擘仍然重视不够。比如,对于耶利内克作为近代德国国法学集大成者的地位就可能不甚了解,全书虽然有四处援引了他的观点,而且其中两次还是来自其皇皇巨著《一般国家学》的,但均属于不太重要的见解,另一处只是将耶氏的一个观点作为附属资料,而且还未注明出处。再者,本书问世的年代,恰逢德国的魏玛宪法时期,但在魏玛宪法时期最有代表性的德国公法学家(如所谓的"四架马车")——凯尔森、斯门德(Rudolf Smend)、黑勒(Hermann Heller)和施米特之中,全书除了引用了施米特的著述之外,对其他学者的著述几乎没有援引,其中甚至包括像对凯尔森这样在国法学领域具有重要成就,而且在同时代的德奥公法学界中均具有重要地位的学者。

③ 清末及民国时期,我国曾出版的有关国法学的书籍至少有:〔日〕筧克彦讲述、陈时夏编译:《国法学》,上海商务印书馆1907年初版,1913年第5版;熊元翰编:《国法学》(上下册),北京安徽法学社1911年版;上海会文堂书局编:《(考试利器)国法学问答》,上海会文堂书局1914年版;上海法学编译社编:《国法学问答》,上海法学编译社1931年版。

本章第三节第三目"主权之所在"中论及了国家法人说,但不仅极为粗略,且仅此而已,可见全书对国法学中源远流长的规范原理并未深入把握。通观此后我国宪法学,国家法学观方面一向处于先天营养不足、后天发育不良的状况,故而时常为政治学或社会学等种种国家观的思维所左右,乃至迄今,规范主义国家观仍然没有扎下坚实的根基。此种理论状况的后果,虽不能完全归责于本书,但也已然可以从这部民国时期极具影响力的宪法学著作中窥到了端倪。

以上诸点,不一而足,难免让人掩卷抱憾。

据说,晚年的王世杰先生常在园子里吟诵苏东坡的一些经典词作,并为其中的《定风波》而潸然动情——

> 莫听穿林打叶声,何妨吟啸且徐行。
> 竹杖芒鞋轻胜马,谁怕,一蓑烟雨任平生。
> 料峭春风吹酒醒,微冷,山头斜照却相迎。
> 回首向来萧瑟处,归去,也无风雨也无晴。

以宏阔的视角回望中国百年立宪史中的凄风苦雨,同样令人击节长叹。而其中最大的悲哀,莫过于为此所累积储备的诸种社会历史条件,反复被各次的历史事件所无情摧折;莫过于历史的车轮一遍遍碾过立宪主义的哀怨,却又一遍遍重新倒车;莫过于"预备立宪"明明已告终结,却又无法消停……但尽管如此,今日的我们,确实已有必要带着旷达的情怀,走出历史的怨艾,达致"也无风雨也无晴"的境界。而在其间,也不妨怀着薪火相传的信念,捧读古意苍茫的此书,回溯弦歌不辍的学脉,体味前人"眺望宪政的远景"的苦心。或许惟有如此,我辈才有可能彻底超越"预备立宪主义"的历史命运。